PERIODISTAS SIN MIEDO VI

NORMA ESTELA FERREYRA

3

ISBN 978-1-291-72296-3

4

Nota de la autora

Este es un libro documental, sin comentarios agregados. Es decir, la tarea específica de la autora ha sido la de seleccionar artículos sobre la realidad internacional política y social. De modo que, la finalidad que persigue es la de difundir aquellos escritos por los mejores periodistas del mundo,

En este concepto se involucran a todos aquellos que dicen lo que realmente piensan respecto de la realidad que analizan, sin especulaciones ni temores de ninguna índole.

A todos ellos va dedicado este libro, por la admiración que sentimos todos, al leer sus notas.

Retorno al "eje del mal"

Noam Chomsky
La Jornada

Fuente: http://www.jornada.unam.mx/2013/12/15/in
dex.php?section=opinion&article=024a1mun

El 24 de noviembre se anunció un acuerdo provisional sobre la política nuclear de Irán, que fija un plazo de seis meses para realizar negociaciones sustantivas.

Michael Gordon, reportero de *The New York Times*, escribió: Fue la primera vez en casi una década, según funcionarios estadounidenses, en que se logra un acuerdo internacional para detener gran parte del programa nuclear iraní y revertir algunos de sus elementos.

Estados Unidos no tardó en imponer severos castigos a una empresa suiza que había violado las sanciones por él impuestas. El momento del anuncio parecía llevar en parte la intención de enviar una señal de que el gobierno de Barack Obama aún considera que Irán está sujeto a aislamiento económico, explicó Rick Gladstone en *The Times*.

El acuerdo sin precedente contiene significativas concesiones iraníes, aunque nada comparable por parte de Estados Unidos, que se limitó a restringir por un tiempo su castigo a Irán.

7

Es fácil imaginar posibles concesiones de Washington. Para mencionar sólo una: Estados Unidos es el único país que viola directamente el Tratado de No Proliferación Nuclear (y lo que es más grave, la Carta de Naciones Unidas) al mantener su amenaza de usar la fuerza contra Irán. También podría insistir en que su cliente Israel se abstenga de esa misma severa violación al derecho internacional, que es sólo una de muchas.

En el discurso dominante se considera natural que sólo Irán haga concesiones. Después de todo, Estados Unidos es el Caballero Blanco que encabeza a la comunidad internacional en sus esfuerzos por contener a Irán –al que se considera la más grave amenaza a la paz mundial– y obligarlo a desistir de sus agresiones, terrorismo y otros crímenes.

Existe una perspectiva diferente, poco oída, que aun así merecería al menos una mención. Comienza por rechazar la afirmación estadoounidense de que el acuerdo pone fin a 10 años de falta de voluntad iraní para atender esta supuesta amenaza nuclear.

Hace 10 años Irán ofreció resolver sus diferencias con Washington en torno al programa nuclear, junto con otros asuntos. El gobierno de George Bush rechazó airadamente la oferta y reprimió al diplomático suizo que la transmitió.

Luego la Unión Europea e Irán buscaron un acuerdo según el cual Irán suspendería el

8

enriquecimiento de uranio y la UE ofrecería seguridades de que Estados Unidos no atacaría. Como reportó Selig Harrison en el *Financial Times*, la Unión, apoyada por Washington, se negó a discutir asuntos de seguridad, y el esfuerzo murió.

En 2010 Irán aceptó la propuesta de Turquía y Brasil de enviar su uranio enriquecido para almacenamiento en Turquía. A cambio, Occidente proporcionaría isótopos para los reactores iraníes de investigación médica. Con furia, el presidente Obama acusó a Brasil y Turquía de romper filas y se apresuró a imponer sanciones más severas. Irritado, Brasil dio a conocer una carta de Obama en la que éste proponía ese arreglo, presumiblemente dando por sentado que Irán lo rechazaría. El incidente pronto desapareció de la vista.

También en 2010, los países miembros del TNP convocaron a una conferencia mundial para poner en marcha una antigua iniciativa árabe destinada a establecer una zona libre de armas de destrucción masiva en la región, que se realizaría en diciembre de 2012. Israel se negó a asistir; Irán aceptó sin condiciones.

Después Washington anunció la cancelación de la conferencia, reiterando las objeciones israelíes. Los estados árabes, el Parlamento Europeo y Rusia llamaron a una rápida reanudación de la conferencia, mientras la Asamblea General de la ONU votó por 174-6 instar a Israel a unirse al TNP y abrir sus instalaciones a inspección. Por el no votaron Estados Unidos, Israel, Canadá, Islas Marshall, Micronesia y Palau, resultado que sugiere otra posible concesión estadounidense hoy día.

Tal aislamiento de Estados Unidos de la arena internacional es bastante normal, en una amplia gama de asuntos.

En contraste, el movimiento No Alineado (la mayoría de países), en su reunión del año pasado en Teherán, volvió a respaldar con vigor el derecho de Irán, como firmante del TNP, a enriquecer uranio. Estados Unidos rechaza ese argumento, asegurando que el derecho está condicionado a recibir un certificado de limpieza emitido por inspectores, pero tal condición no está escrita en el tratado.

Una gran mayoría de árabes apoya el derecho de Irán a llevar adelante su programa nuclear. Los árabes son hostiles a Irán, pero por abrumadora mayoría consideran que Estados Unidos e Israel son las principales amenazas que enfrentan, de lo cual Shibley Telhami volvió a dar cuenta en su reciente revisión integral de la opinión árabe.

Los funcionarios estadounidenses, parecen desconcertados por la negativa iraní a renunciar al derecho de enriquecer uranio, observa Frank Rose en *The New York Times*, y ofrece una explicación sicológica. Otras vienen a la mente si nos salimos un poco del redil.

Sólo se puede hablar de liderazgo estadounidense en la comunidad internacional si ésta es definida como Estados Unidos y quien esté dispuesto a consecuentarlo, con frecuencia mediante la intimidación, como a veces se reconoce tácitamente.

Críticos del nuevo acuerdo, como informan David E. Sanger y Jodi Rudoren en *The New York Times*, advierten que intermediarios tramposos, la urgencia china de fuentes de energía y los europeos que buscan un retorno a los viejos tiempos, cuando Irán era una fuente importante de comercio, verán su oportunidad de brincarse las barreras. En suma, si aceptan por ahora las órdenes estadounidenses es sólo por miedo. Y de hecho China, India y muchos otros han buscado formas propias de evadir las sanciones de Washington a Irán.

La perspectiva alternativa pone en duda el resto de la versión estadounidense. No pasa por alto que durante 60 años ininterrumpidos Estados Unidos ha torturado iraníes. Ese castigo comenzó en 1953, con un golpe orquestado por la CIA que derrocó al gobierno parlamentario iraní e instaló al sha, un tirano que con regularidad figuraba entre los peores registros de derechos humanos en el mundo como aliado de Washington.

Cuando el sha fue a su vez derrocado, en 1979, Estados Unidos volcó de inmediato su apoyo a la criminal invasión de Irán encabezada por Saddam Hussein, y al final se unió directamente cambiando la bandera a barcos de Kuwait, aliado iraquí, para que pudieran romper un bloqueo iraní. En 1988, un navío de guerra estadunidense derribó un avión comercial iraní en espacio internacional y dio muerte a 290 personas, tras de lo cual recibió honores presidenciales al volver a su país.

Después que Irán fue obligado a capitular, Washington renovó su apoyo a su amigo Saddam e incluso invitó a ingenieros nucleares iraquíes a Estados Unidos para darles capacitación avanzada en producción de armas. Luego el gobierno de William Clinton impuso sanciones a Irán, que se han endurecido mucho más en años recientes.

De hecho, en la región operan dos estados rufianes que recurren a la agresión y al terror y violan a voluntad el derecho internacional: Estados Unidos y su cliente Israel. Cierto, Irán ha cometido un acto de agresión: conquistar tres islas árabes en tiempos del sha apoyado por Washington. Pero cualquier acto terrorista que se atribuya de manera verificable a Irán palidece en comparación con los de los estados rufianes. Es comprensible que esos estados se opongan con vigor a un factor de contención en la región, y mantengan por ello una campaña para librarse de restricciones.

¿Hasta dónde llegará el menor de los estados rufianes para eliminar ese temido factor de contención, con el pretexto de una amenaza a su existencia? Algunos temen que irá muy lejos. Micah Zenko, del Consejo de Relaciones Exteriores, advierte en la revista *Foreign Policy* que Israel podría recurrir a la guerra nuclear. El analista de política exterior Zbigniew Brzezinski apremia a Washington a dejar en claro que la Fuerza Aérea estadounidense detendrá a Israel si intenta usar la bomba.

¿Cuál de estas perspectivas en conflicto es más cercana a la realidad? La cuestión es más que un útil ejercicio. La respuesta desencadena significativas consecuencias mundiales.

Noam Chomsky es profesor emérito de lingüística y filosofía en el Instituto Tecnológico de Massachusetts, Cambridge, (Mass. EEUU). Su libro más reciente es *Power Systems: Conversations on Global Democratic Uprisings and the New Challenges to U.S. Empire. Interviews with David Barsamian.*

Traducción: Jorge Anaya

Estados Unidos, cambio climático y estratégico. Nueva hoja de ruta Oriente Medio, Asia, Pacífico y el Ártico
Gustavo Herren (especial para ARGENPRESS.info)

En 2011, el régimen de Obama realizó un cambio de rumbo relevante en su estrategia global. El foco se centralizó aún más en el núcleo de la Isla Mundo (el Heartland) sino-ruso. El centro de masa de buena parte de su actividad política y especialmente militar se está desplazando del arco de inestabilidad de Oriente Medio hacia la región Asia-Pacífico, ante el peso que está mostrando China que parece estar alcanzando un punto crítico en que su esfera de influencia económica próxima,

13

requiere la presencia de su poder militar naval en las rutas del Pacífico al Indico, mientras desarrolla su proyección de fuerza a escala oceánica mundial. Por otra parte, el proceso de cambio se cataliza por la iniciativa de Moscú demostrada en los eventos en Siria con el esbozo de una respuesta imperial en Ucrania, sumado al nuevo espacio marítimo boreal que está abriendo el cambio climático.

Al delimitar unilateralmente la nueva Zona de Identificación de Defensa Aérea, que incluye el archipiélago de las islas Senkaku/Diayou en el Mar de China, reclamadas también por Japón, y que afecta parte del espacio aéreo de Corea del Sur, el presidente Xi Jinping anunció '...Ya es hora de que China se convierta en un país que establece las reglas, y no que siga las reglas de otros'. Japón y Corea del Sur, advirtieron sobre la violación de su soberanía marítima, y en su gira por estos países y China el vicepresidente de Estados Unidos, Joe Biden criticó inmediatamente las acciones de Beijing. Entre otras razones, la zona de defensa aérea china dificulta las operaciones de espionaje sobre su territorio de los aviones no tripulados (UAV o drones), manejados desde el mismo territorio de los Estados Unidos. Las consecuencias de semejante redireccionamiento estratégico de Washington están apareciendo. Después de su derrota en la Guerra Mundial II, las potencias ganadoras acotaron la producción para la defensa de Japón, histórico enemigo de China, a un mínimo para apenas satisfacer sus necesidades internas. Hoy con su visto bueno, Tokio ha aumentado drásticamente su presupuesto militar redirigido a producir armamento defensivo y ofensivo a escala industrial de exportación, lo cuál genera además importantes beneficios para su economía. Planea además desarrollar su fuerza naval y de submarinos para aumentar su vigilancia costera. En materia nuclear, si bien las instalaciones nucleares niponas están bajo control del Organismo Internacional de Energía Atómica (OIEA), hace mucho tiempo que el país alcanzó un desarrollo tal, que le permitiría elaborar armas nucleares en pocos meses superando en calidad y poder de destrucción a las que tiene Corea del Norte o podría llegar a construir Irán. En cuanto a Corea del Sur, el crecimiento de la exportación de armas también alcanzó niveles históricos, mientras el Pentágono está reforzando las tropas estadounidenses desplegadas en el país. Una buena excusa para aumentar su presencia, ante la situación inestable con Corea del Norte, congelada por la disuasión de sus armas nucleares y la continuidad del programa atómico de su líder Kim Jong-un, que afirmó '...Si la guerra volviera a estallar en esta tierra, esto dará lugar a una catástrofe nuclear masiva y Estados Unidos nunca estará a salvo'.

Mientras se incrementan los ejercicios navales combinados entre Washington y Tokio, el almirante Jonathan Greenert jefe de operaciones navales de la Marina de Estados Unidos, lanzó hace unos meses el Plan de Navegación de la Marina 2014-2018 (CNO's Navigation Plan 2014-2018) que trata del re-balanceo estratégico de la fuerza '...Estados Unidos expandirá su presencia en Asia-Pacífico y para 2020 habrá desplegado un 60% de sus buques y aeronaves sobre la costa oeste en el Pacífico, además de submarinos en Guam y Japón' (1).

Otras consecuencias del enorme gasto de energía que le está insumiendo a Washington el despliegue en Asia-Pacífico y como se verá en el Ártico, sumado a la disminución general de su presupuesto de defensa, aparecen en Oriente Medio donde necesita mayor estabilidad.

Su disposición para ablandar las sanciones contra Irán y frenar nuevas, en coincidencia con un oportuno cambio de su gobierno, quedando latente el tantas veces anunciado ataque militar inminente. Concomitantemente, está tomando alguna distancia de los regímenes guerreristas de Israel y las monarquías del Golfo, en especial la Saudí que está perdiendo iniciativa en la región, justamente porque opera a dos puntas sosteniendo al islamismo yihadista shiíta con su violencia proyectada sobre la región, que sigue alimentando entre otros el conflicto interno en Siria e Irak. La intervención de Moscú que condujo a la destrucción efectiva de las armas químicas de Siria modificó la relación de fuerzas en la región y facilitó una alianza entre Irán, Irak, Siria y Líbano llamada Arco de Seguridad, en principio para lograr seguridad frente al fundamentalismo islámico yihadista. Los gobiernos de otros países de la región que sufren ataques yihadistas y tienen intereses energéticos y posibilidades de negocios en común, como Turquía e India, apoyan un acuerdo con Teherán. En Afganistán, Obama ha anunciado una retirada de tropas y para mantener cierta estabilidad necesita de la influencia que Irán tiene sobre el cementerio de los imperios.

Otra causa del distanciamiento relativo de Washington con los regímenes del golfo, es que si prospera el acuerdo con Washington y las cincos potencias del Consejo de Seguridad de la ONU más Alemania, Irán se podría reposicionar como principal exportador de petróleo aventajando a Arabia Saudita. Muy probablemente el acuerdo nuclear intentará ser saboteado como sea, por Israel, los regímenes del Golfo, los lobbies en Washington y aún en el propio Teherán. Por otro lado Washington gana grados de libertad para tomar distancia de Arabia Saudí, en cuanto a que su producción de crudo y gas de esquisto (shale oil; shale gas) está creciendo de forma tal que podría lograr su autoabastecimiento en unas pocas décadas, y además cuenta a su favor con alternativas dadas por el programa lanzado por el Departamento de Estado, llamado Iniciativa Global de Gas de Esquisto (Global Shale Gas Initiative (GSGI)). Enfocado en que los países con importantes reservorios de hidrocarburos no convencionales aumenten al máximo su explotación (y exportación) mediante la técnica de la fracturación hidráulica o fracking, de la cuál Estados Unidos es líder en su uso.

En 2010 el programa fue lanzado para América Latina, y es ahora conocido como Programa de Compromiso Técnico de Gas no Convencional, (Unconventional Gas Technical Engagement Program (UGTEP)). Sin embargo, este método de extracción ha sido prohibido en el propio suelo estadounidense (estado de Nueva York) y en

Francia, siendo objeto de debate en el mundo. En una entrevista con la BBC, David Goldwyn que estaba encargado del proyecto de gas de esquisto GSGI y que fue coordinador para asuntos energéticos internacionales del Departamento de Estado, afirmó :'... Cuando uno está en el gobierno de Estados Unidos, en el Departamento de Estado, si algo no sirve a los intereses de Estados Unidos, entonces no debería estarse haciendo... Nosotros veíamos el desarrollo de la producción de gas local en esos países (latinoamericanos), y hasta cierto punto de petróleo de esquisto, como algo que servía mucho a nuestros intereses... Como por ejemplo, que reducirá la dependencia potencial de algunos de esos países hacia Venezuela, que tiene las reservas más amplias de gas aunque no pueda realmente desarrollarlas... Venezuela tiene enormes reservas pero no tiene capacidad de exportación de gas licuado natural (LNG). Fue muy exigente en cuanto a tener su propia tecnología y ahuyentó a Shell y a otros, y provee crudo subsidiado a sus vecinos (Petrosur y Petrocaribe) por razones políticas'.

No es casual que Ucrania, fronterizo con Rusia al Este, con el Mar Negro al Sur y estratégico en Europa Oriental, fuera asesorado por la Agencia de Cooperación internacional de Estados Unidos (USAID) en el marco del programa de gas no convencional UGTEP del Departamento de Estado, para desarrollar masivamente los yacimientos de gas de esquisto en su territorio, presentando a Kiev un Manual de operaciones servil y bochornoso con clara injerencia en los asuntos internos del país (2). Incluye un acuerdo marco que prioriza las concesiones a empresas privadas, su seguridad jurídica y hasta técnicas para gestionar el conflicto social. Sugiere la divulgación y formación del público con amplias estrategias, como material bibliográfico, y hasta la introducción del tema del shale gas/oil en la currícula escolar, campañas mediáticas, publicitarias y educativas, páginas webs, charlas, elaboración de informes científicos, y otros. Recomienda la intervención de ONGs que desarrollen una campaña para informar y recabar opiniones del público, la realización de talleres promovidos por la USAID, la Cámara de Comercio estadounidense, el Ministerio de Energía del país, compañías internacionales, etc.

La USAID, brazo ejecutor de la política exterior de Washington, junto con otros organismos integra el programa UGTEP. Rápidamente en 2012, el gobierno ucraniano firmó con Chevron contratos de exploración para shale gas, y luego con otras petroleras estadounidenses y de capitales británicos y europeos como Shell, en desmedro de la rusa Lukoil. En América Latina, Argentina tiene el mayor reservorio de petróleo y gas esquisto de toda la región. En este marco se puede comprender más lo que está ocurriendo al respecto en ese país, y lo que se podrá esperar a futuro.

Además del factor chino en Asia-Pacífico, el corrimiento geopolítico de Obama surge por la iniciativa mostrada por la Federación de Rusia como actor nuclear en un contexto global en que la unipolaridad 'americana' está fracasando, mientras se abre un nuevo espacio oceánico estratégico a lo largo de toda la frontera boreal rusa.

La intervención diplomática de Moscú consiguió nada menos que cambiar una decisión tomada de Washington: el inminente ataque preventivo a Siria, generando además en forma inédita y por primera vez desde la Segunda Gran Guerra divergencias importantes con su madre patria capitalista, Inglaterra. Este hecho relevante, da indicios de la tendencia hacia un proceso de multipolaridad global donde el peso relativo de la Federación Rusa como potencia está aumentando.

A pesar del colapso de la URSS, el objetivo central del desmembramiento del corazón de Eurasia (Heartland) con la mayor superficie continental del mundo, una de las máximas aspiraciones de los grandes geoestrategas occidentales, como Brzezinski asesor de Obama, no solo no pudo ser alcanzado sino que el calentamiento de la atmósfera terrestre catalizado por el consumismo superfluo y desenfrenado intrínseco de la dinámica capitalista, puede potenciar el rol del Heartland al abrir un espacio geoestratégico conexo sin precedentes. Según Brzezinski, el problema central no está en Oriente Medio, ni en Irán. Los únicos países con una capacidad real para resistir a Estados Unidos e Inglaterra son China y Rusia, y es allí donde debería enfocarse la atención. En esa línea el Pentágono, continúa intensamente con su estrategia de rodear militarmente a los países que cataloga como hostiles, forajidos o simplemente poco confiables con bases e instalaciones militares ofensivas, presentándolas como defensivas y necesarias para la seguridad regional, ubicadas estratégicamente en países próxi, es decir confiables para sus intereses. Tales son los casos típicos de Irán encerrado por 40 bases militares, Venezuela por 13, Brasil, el gigante ruso (la instalación de un escudo antimisilístico estadounidense en Ucrania, limítrofe con Rusia complementando a los de Polonia y Rumania, no tardaría en concretarse si hubiera un cambio de régimen proxi-atlantista), y China sobre la que está formando el llamado anillo Anaconda, donde Japón y Corea del Sur son una parte. En este contexto, las revueltas en Ucrania son un tiro por elevación para debilitar la esfera de influencia próxima de Rusia, y una repuesta a su intervención por Siria. La interrupción por parte del gobierno del presidente Viktor Yanukovich de la firma del tratado de libre comercio con la Unión Europea (UE) creó condiciones de inestabilidad interna, amplificadas por los capitalistas y quintas columnas locales afines a Washington y sus aliados de Europa Occidental. Como en tantos casos testigo, la actividad de la embajada estadounidense es un indicador importante'.El embajador estadounidense en Ucrania, Geoffrey Pyatt, acompañó a la subsecretaria de Estado de los Estados Unidos, Victoria Nuland para repartir comestibles apoyando a los manifestantes ucranianos partidarios de la integración europea en la plaza de la Independencia en Kiev, quienes los recibieron con aplausos y bendiciones'.

Para que Ucrania se incorpore a la UE, ésta le exige condiciones equivalentes al modelo del saqueo neoliberal de los 90's en América Latina: un estado mínimo, pero en absoluto ausente como tendenciosamente se hace creer, sino muy presente para ajustar el gasto público en salud, educación y asistencia básica para el pueblo. Las privatizaciones y las reformas del Estado serían financiadas con la dependencia de los préstamos fraudulentos a interés compuesto de los organismos internacionales como el FMI, y el Banco Mundial. Un Estado presente con reformas estructurales, que aseguren la desregulación de los mercados y el libre comercio en franca desventaja con los países industrializados, por eso uno de los motivos para la acertada decisión gubernamental de interrumpir el Tratado de Asociación con la UE fue '...La falta de un mercado interior que resista la invasión de mercancías comunitarias'.

Una breve mención de la estrategia recurrente de cerrojo aplicada al caso de Brasil, cercado por 24 bases militares terrestres estadounidenses, que junto con las bases aeronavales de Islas Ascención y Malvinas encierran su gran reservorio costero de hidrocarburos del Presal. Sin embargo, al parecer los estrategas de Itamaraty podrían haber cometido un error grosero, tanto para la defensa del país como de la misma Amazonia, y aún para América del Sur. El gobierno concretó la compra de 36 modernos aviones de combate SAAB Gripen-NG a Suecia sin transferencia de tecnología, a pesar de las presiones de la embajada de Estados Unidos y las quintas columnas de la burguesía local a favor de las aeronaves F-18 estadounidenses y los Dassault Rafale de su aliado francés el belicista Hollande. Ambas alternativas quedaron relegadas cuando el caso Snowden reveló las operaciones de espionaje alevoso del Gran Hermano sobre Brasilia y las empresas brasileñas, como Petrobras. Pero la compra a Estocolmo, también subordina la política exterior brasileña a Washington. En caso de cualquier conflicto de intereses en que el Imperio declare la no colaboración o peor la hostilidad de Brasilia, el Departamento de Defensa del imperio bloqueará toda compra de repuestos estadounidenses y actualizaciones de los sistemas de armas que compongan esas aeronaves (como son nada menos que sus motores a reacción), y es altamente probable que Suecia acate la orden en su totalidad (3).

La Fuerza aérea de Brasil se vería fuertemente debilitada con el país rodeado por bases estadounidenses con capacidad operativa para un despliegue rápido, lo cuál no ocurriría con aeronaves de combate equivalentes de Rusia o China. Lo notable, es que el anterior análisis debería ser elemental para cualquier experto en relaciones exteriores de Itamarty. A menos que Brasil planee apropiarse de la tecnología sueca, adaptarla, desarrollarla y dominarla en forma endógena, tal como hizo Irán en 2011 cuando capturó el avión estadounidense a reacción espía furtivo y no tripulado (UAV), de última generación Sentinel RQ-170, o como hicieron los técnicos y pilotos militares argentinos hace más de dos décadas en la Guerra de Malvinas con los aviones de combate franceses Dassault Super-Etendard y la adaptación de los misiles inteligentes Exocet, la innovación de su lanzamiento tierra-aire y las contramedidas de radar.

Para cerrar el cerco a Rusia, Washington no deberá ahorrar esfuerzos en proyectar presencia y fuerza militar sobre los miles de kilómetros de su costa norte, debido a que entre los efectos geopolíticos del cambio climático está la apertura de un nuevo espacio físico de enorme envergadura, que por supuesto no permanecerá vacío sino que ya está siendo ocupado militarmente por las grandes potencias mundiales. Ha comenzado la lucha por la apropiación de las reservas naturales como hidrocarburos y minerales que se harán rentables con la tecnología actual, y Rusia está tomando la iniciativa. Como no sucedía desde hace más de 3 millones de años, las mediciones actuales del deshielo y los modelos climáticos extrapolan que en el orden de unos 10 años el océano Ártico quedará abierto casi totalmente para la navegación de superficie convencional y con rompehielos, y un mes prácticamente sin hielo, generando nuevas rutas marítimas comerciales significativamente más cortas respecto del canal de Suez-Indico, la histórica ruta de las especies, especialmente entre los países del norte de Europa/Groenlandia, Estados Unidos, Canadá, Islandia y Rusia a la que se sumará China.

El calentamiento de la atmósfera está produciendo en un tiempo menor al de una generación humana, la fusión del hielo del casquete polar Ártico debajo del cuál no existe tierra firme, sino agua: el océano Ártico. Pero un Ártico sin hielo no es solo una curiosidad que gran parte de la humanidad observa como evento distante y ajeno, sino que en el corto plazo contribuirá a intensificar anomalías climáticas extremas, nefastas en todo el planeta. El cambio de fases (sólida a líquida) del casquete polar no es inocuo para el resto del mundo, suma a nivel climático nuevos procesos fuera de equilibrio entre la energía solar absorbida y emitida por la nueva masa líquida, la superficie continental expuesta y la atmósfera que modifican su circulación general, con probabilidad no despreciable de disparar procesos atmosféricos irreversibles de duración mayor a una generación, peligrosos para la supervivencia humana, es decir aparece un punto de no retorno. Los trabajos científicos están divididos, los menos plantean la situación como grave. Hay probabilidad que el calentamiento atmosférico produzca una liberación abrupta y masiva de gas metano (CH_4) que se encuentra atrapado en el carbono orgánico de los lechos oceánicos y suelos árticos congelados por milenios, en una cantidad un orden superior (10 veces) a la emitida a la atmósfera desde el comienzo de la revolución industrial. El efecto invernadero del metano es mucho peor que el de dióxido de carbono. Algunos investigadores pronostican incluso una próxima Gran Mortandad, como la extinción masiva de especies ocurrida en la Pérmico-Triásico (hace unos 250 millones de años) por la liberación significativa de gases de invernadero atrapados en los fondos oceánicos, solo que esta vez no ocurriría en miles sino en unos pocos cientos de años. A esto se suma el aumento de la concentración de dióxido de carbono (CO_2) a niveles nunca experimentados por la especie humana. Por otro lado, una buena parte de científicos más conservadores consideran que la situación no es grave y que se dilatará por muchas décadas con una menor probabilidad que los procesos fuera de equilibrio queden fuera de control. Sin embargo, aparte de confrontar los papers científicos de ambas tendencias y sus modelos con las mediciones, habría que considerar en el análisis la influencia, el compromiso y el financiamiento de los distintos grupos, instituciones y comisiones de científicos por parte del gran capital.

A diferencia de la Antártida, el casquete flotante ártico esta formado por un teselado de masas de hielo de diversos tamaños, tal que en algunas regiones se presenta como si fuera una superficie continua. Décadas antes de que se dispare el calentamiento global, en el verano de 1958 durante la carrera científico-técnico de la Guerra Fría entre URSS y Estados Unidos, y a un año del gran logro soviético de la puesta en órbita del primer satélite artificial(Sputnik 1, 1957),que fue una desagradable sorpresa para Washington (y que dió origen al actual Agencia de Proyectos Avanzados para la Defensa; DARPA (4)), y al poco tiempo en un primer intento fallido por emular al Sputnik ocurrió la explosión del cohete portador Vanguard y sus satélite, de modo que el Pentágono necesitaba producir rápidamente un golpe político y propagandístico. Es así que el primer submarino a propulsión nuclear del mundo, el USS Nautilus (que superó ampliamente los pronósticos visionarios de Julio Verne) después de un par de intentos en que estuvo cerca de quedar aprisionado entre el fondo poco profundo del Estrecho de Behring y la parte inferior del hielo del casquete ártico, logró establecer una nueva ruta polar del Pacífico al Atlántico cruzando sumergido por debajo del escarpado casquete polar con espesores de unos pocos metros hasta decenas, desde el estrecho de Behring pasando por el polo Norte geográfico (midiendo 4089 m de profundidad), y emergiendo en las islas Svalbard (Noruega, antes llamadas Spitzberg). Casi 9000 Km menos que por las rutas de ese entonces para navegar desde Japón a Europa. Además la ruta polar submarina podría utilizarse aún si fuera bloqueado el canal de Panamá (5). Pero en realidad, el objetivo estratégico de la misión mantenida en el mayor secreto a menos que finalizara con éxito, fue determinar si era posible desplegar ocultos bajo el hielo del Océano Ártico submarinos a propulsión nuclear, que serían provistos en poco tiempo de misiles balísticos Polaris con cabeza nuclear, amenazando más de 5000 Km de costa de la URSS.

Así como China está proyectando presencia y poder naval por la ruta del Indico, Moscú lo está haciendo por el Ártico. Hace seis años, prácticamente el mismo día a casi 50 años que el Nautilus pasó por el Polo Norte, submarinos rusos (Mir: Paz) plantaron una bandera de su país en el lecho oceánico del Polo Norte a 4.261 metros de profundidad. En 2009, una expedición rusa alcanzó el Polo Norte viajando con vehiculos anfibios sobre el casquete polar. El territorio central de la Isla Mundo, el gigante ruso tendrá así en su costa boreal un océano líquido conexo con el Atlántico y el Pacífico con aguas internacionales con presencia y actividad relevante del poder naval de las potencias atlantistas e imperialistas incluido Japón. El estrecho de Behring pasará a ser un punto sumamente caliente. Al respecto, el presidente Putin se refirió hace unos meses '...El Ártico es una parte inalienable de Rusia que ha permanecido bajo nuestra soberanía a lo largo de varios siglos. Así será siempre. Próximos a las costas de Noruega submarinos estadounidenses están de guardia permanente armados con misiles cuyo tiempo de impacto sobre Moscú es de unos 16 minutos, por eso el Ártico no puede ser cedido bajo control internacional, está bajo la protección militar de la Flota del Norte de Rusia y cerca de allí está desplegada una base de submarinos estratégicos rusos. La segunda base de submarinos atómicos estratégicos está en la parte oriental, también muy cerca del Norte ...Continuaremos la senda de la ampliación de nuestra presencia en el Ártico'. Por último, el redireccionamiento estratégico de Estados Unidos se cierra con la política económica desplegada sobre ambas márgenes del Pacífico. Desde el fracaso del Area de Libre Comercio de las Américas (ALCA) en 2005 durante la cumbre en Mar del Plata cuando G.W. Bush intentó imponerlo, Washington no ha propuesto ningún nuevo acuerdo de libre cambio regional en América Latina, hasta ahora (salvo acuerdos comerciales bilaterales con Perú, Colombia y Panamá). Desaparecidos los principales actores Lula, Néstor Kirchner y Hugo Chávez que advirtieron el saqueo, y en vista al avance comercial de China en la región, el secretario de Estado imperial John Kerry comentó que en febrero de 2014, en una cumbre de líderes de América del Norte a realizarse en México el presidente Obama intentará un ambicioso plan para relanzar el Tratado de Libre Comercio de América del Norte (NAFTA, 1994) de Estados Unidos con México y Canadá, pero comenzando con Norteamérica seguirá con Centroamérica, el Caribe, y posteriormente ampliarlo al resto de América

Latina '...ya que varios países sudamericanos todavía no están dispuestos a estrechar vínculos con Estados Unidos'.

Por su parte la guerra económica de Obama y las potencias occidentales avanza con las firmas de los acuerdos Transatlántico (Asociación Transatlántica de Comercio e Inversión (Transatlantic Trade and Investment Partnership (TTIP)) con 28 naciones de la Unión Europea), y el TransPacífico en ambas costas del Pacífico (Trans Pacific Partnership, (TPP)).

Las negociaciones que se realizan en forma estrictamente secreta son aquellas que eliminan todas las barreras al comercio, especialmente las legislaciones que garanticen la seguridad alimentaria, la protección de la agricultura, la privacidad de los ciudadanos y la creación de legislación para que las empresas extranjeras puedan demandar a los gobiernos evitando los tribunales nacionales y neutralizando los Parlamentos locales. Para las economías más débiles que acabarán sometidas a las grandes transnacionales, vuelve a ocurrir que las desventajas serán más que los beneficios y llevará a nuevas exacciones, que en definitiva contribuirán al financiamiento del mismo despliegue del Pentágono hacia Asia-Pacífico.

Sin embargo, un objetivo histórico central imperialista sigue invariante: evitar en América Latina cualquier germen que pueda iniciar la cristalización de un bloque continental latinoamericano unificado, que se transforme en genuinamente industrial, independiente y soberano a nivel global, y desequilibre la actual división internacional del trabajo capitalista como región exportadora de materias primas y de bajo valor agregado. La guerra de la Triple Alianza contra el Paraguay (1864-1870) con el financiamiento subyacente de Inglaterra fue un antecedente, pero también un escarmiento para quienes osaran materializar semejante desafío. La Historia no es solo materia del pasado, su análisis crítico permite no repetir en el presente y futuro los errores cometidos...

Notas:
1)http://www.navy.mil/cno/130813_CNO_Navigation_Plan.pdf
2) Manual de operaciones: Shale gas en Ucrania; http://www.argenpress.info/2013/01/manual-de-operaciones-shale-gas-en.html
3) Boron A.A., Brasil: Un increíble (y enorme) error geopolítico, http://www.argenpress.info/2013/12/brasil-un-increible-y-enorme-error.html
4) Defense Advanced Research Projects Agency (DARPA); su misión es no solo evitar toda sorpresa tecnológica que pueda producir el enemigo, sino generar a él la sorpresa. Fue pionera en la creación redes de comunicación para la guerra que sigue funcionando aún cuando su mayor parte haya sido destruida y que mas tarde condujo a Internet, también en el desarrollo de vehículos no tripulados que llevó a los actuales UAV, llamados 'drones' aeronaves teledirigidas que manejadas desde el mismo territorio de los Estados Unidos atacan selectivamente a decenas de miles de kilómetros, como en Pakistán por ejemplo, matando supuestos

terroristas que amenazan a los estadounidenses y asesinando civiles inocentes por errores colaterales.

5) Es de notar que en el momento de cruzar sumergidos el polo Norte (latitud 90° N), dentro del submarino a propulsión nuclear sus 105 tripulantes respiraban una atmósfera reciclada normal con una temperatura constante de 22°C y un 50% de humedad mientras que en la superficie del casquete, las condiciones meteorológicas eran completamente hostiles con vientos polares azotando a temperaturas bajo cero. Todo un logro para la época.

La crueldad mueve al imperialismo y Gaza es un ejemplo de dignidad

Noam Chomsky
Pijamasurf

Noam Chomsky ha vuelto a levantar una crítica contra la estrategia desmoralizadora de Israel en contra de los palestinos en la franja de Gaza.

El lingüista e intelectual estadunidense Noam Chomsky ha vuelto a criticar la estrategia de Israel para reducir la moral de los palestinos en el conflicto de la franja de Gaza, denunciando además la tácita complicidad de Estados Unidos al gobierno de Israel así como de Canadá, Australia y la Unión Europea.

En una conferencia sobre Edward Said y el neocolonialismo, Chomsky explicó que el imperialismo utiliza tácticas como la humillación y el terror de manera sistemática como una suerte de asedio simbólico que provoca el desgaste contra las poblaciones que desean subyugar. Sin embargo, en la franja de Gaza Israel se encuentra frente a una población que se rehusa a dejar de lado su dignidad y su derecho a vivir en paz.

Chomsky cuenta el caso de una mujer de 87 años, presa en una prisión de Gaza. Antes de que la mujer fuera expulsada por las fuerzas ocupacionistas de Israel, poseía una casa, granjas y tierra. La nieta de esta mujer, Ghada Ageel (refugiada en Canadá cuando la ocupación) visitó a su abuela en noviembre pasado: "Ella estaba inusualmente feliz. Sorprendida por su gran espíritu, le pedí una explicación. Me miró a los ojos y, para mi sorpresa, me dijo que ya no estaba preocupada", pues su pueblo natal y la vida que había conocido antes se habían perdido irrevocablemente.

La tierra natal, dijo la anciana a Ageel, "está en tu corazón, y también sé que no estás sola en tu viaje. No pierdas el valor. Ya casi llegamos."

Israel ha sofisticado también sus métodos para quebrar el espíritu de los palestinos: mientras estos han desarrollado métodos caseros para evitar los nocivos efectos del gas pimienta usado por los israelíes durante las protestas, el gobierno de Tel Aviv ahora utiliza aviones para rociar gases tóxicos sobre los manifestantes. La represión y la violencia, a decir de Chomsky, "buscan minar la dignidad a través de la humillación", pues "la necesidad de humillar a aquellos que alzan la frente es un elemento insustituible de la mentalidad imperial."

Esa distancia entre opresores y oprimidos es, para el intelectual, una barrera mucho más poderosa que la barrera física que separa a los desplazados de Gaza del lugar que una vez llamaron hogar. Chomsky, sin embargo, enfatiza que "no está más allá de la imaginación el que la barrera pueda caer trabajando en ello, como se ha hecho en otros lugares." Chomsky sentencia: "A menos que los poderosos sean capaces de aprender a respetar la dignidad de las víctimas, las barreras irremontables permanecerán, y el mundo será dominado por la violencia, la crueldad y el amargo sufrimiento."

Más información: AlterNet

Fuente: http://pijamasurf.com/2013/04/chomsky-la-crueldad-mueve-al-imperialismo-y-gaza-es-un-ejemplo-de-dignidad/

VIERNES, 10 DE ENERO DE 2014

Flexibilidad táctica e intransigencia estratégica: El factor Bergoglio

Fernando Rosso (LA HAINE - AGENCIA WALSH)

El papa Francisco I se ha demostrado heterodoxo en lo pastoral y conservador en los fundamentos: flexibilidad táctica e intransigencia estratégica. En el pasaje completo de la "Crítica a la Filosofía del Derecho de Hegel": "La miseria religiosa, es, por una parte, la expresión de la miseria real y, por otra, la protesta contra ella. La religión es el suspiro de la criatura oprimida, el corazón de un mundo sin corazón, el espíritu de una situación carente de espíritu.

Es el opio del pueblo." El 'aggiornamiento' que quiere desarrollar Bergoglio, ahora convertido en Francisco, pretende devolverle a la Iglesia la capacidad moral y política para desarrollar su función: ser garante del orden, un factor pacificador que colabore en la "gobernanza" de los pobres y la contención del movimiento obrero, a casi seis años de crisis mundial que no encuentra salida en el horizonte. Más allá de los gestos "transgresores", los objetivos estratégicos son claros. Identificarlos, poner el alerta y sacarlos a la luz para combatirlos es una obligación de quienes apostamos a la rebelión y no al "suspiro" de los oprimidos, para terminar con la miseria real y en consecuencia con la miseria religiosa.

El restaurador: crisis orgánica en la Iglesia

La elección de Jorge Mario Bergoglio como jefe de la Iglesia Católica, el pasado 13 de marzo, tuvo más que ver con la crisis orgánica interna de la institución, que con problemas políticos nacionales o internacionales. El escándalo de la pedofilia generalizada, imposible de seguir encubriendo, los negocios del Instituto para las Obras de Religión (IOR), conocido como la "banca vaticana", a través del cual se blanquearon miles dólares o euros provenientes del lavado. Y una institución en extremo elitizada en el marco de una crisis mundial, empujaron a la escisión con sus "representados" y a la pérdida de fieles en todo el mundo.

En cierta medida, para la casta que venía al frente de la curia vaticana, Bergoglio era un 'outsider'. El primer latinoamericano, el primer jesuita y proveniente del "fin del mundo". Estaba ubicado en los márgenes de los centros de poder de Roma y paradójicamente esa condición le dio la posibilidad del éxito.

La experiencias de los gobiernos latinoamericanos de la última década, incluido el kirchnerismo, como procesos de "desvío", contención e institucionalización pasivizante de movilizaciones y rebeliones populares, fueron útiles para la tarea política de Bergoglio frente a la crisis de la Iglesia. No faltaron quienes compararon los gestos simbólicos de ruptura del protocolo y acercamiento "a la gente", con los del kirchnerismo de los orígenes, los de Néstor Kirchner. Y hasta llamaron al renunciante Ratzinger, "el Duhalde" [presidente argentino responsable de las masacres de 2002] de Bergoglio.

El equilibrista: de Medellín 1968 a Aparecida 2007

El enfrentamiento de clases condicionó también la historia y los avatares de la Iglesia. El Concilio Vaticano II y su traducción más radical en

35

Latinoamérica, con la Teología de la Liberación (TL) o los curas tercermundistas, reflejó un momento de crisis y radicalización política. Ningún aparato, ni siquiera la Iglesia, es más fuerte que las leyes de la historia. Y la crisis y agudización de la lucha de clases, tuvo su manifestación distorsionada en la lucha de tendencias dentro de la misma. El Concilio Vaticano II, desarrollado entre 1962 y 1965, una especie de reforma constitucional de la Iglesia, llevada adelante por el papa Juan XXIII, fue un movimiento preventivo en un momento preparatorio de crisis y con una institución que se estaba volviendo anacrónica. Un movimiento de "apertura" de los contornos más retrógrados de la doctrina. En Medellín (Colombia), en 1968, tuvo lugar la II Conferencia del Episcopado Latinoamericano (CELAM), que dio nacimiento a la Teología de la Liberación.

Desde aquel momento, Bergoglio viene desarrollando un debate doctrinario a dos puntas: tanto contra los sectores más conservadores (como el Opus Dei), como contra los más radicalizados, la TL o el Movimiento de Sacerdotes del Tercer Mundo. Su referencia fue la Teología Popular, una traducción más moderada del Concilio Vaticano II, que impulsaba la "opción por los pobres" y la "religiosidad popular", pero rechazaba conceptos como "clase oprimida" que hacían al coqueteo ideológico de la TL con el marxismo. Se delimitaba de los contornos más de "acción" de la TL, y la opción era por el "tutelaje" de los pobres. Si en convulsivos años 60 y 70 del siglo pasado su eje estuvo en el combate a los sectores más radicalizados, una vez derrotados los movimientos revolucionarios y el asentamiento de la restauración (muy bien representado por Juan Pablo II), hoy su epicentro está en convencer a las clases dominantes de la necesidad de la contención de los pobres.

En la quinta conferencia de la CELAM, desarrollada en Aparecida (Brasil) en el año 2007, cuyo documento final fue redactado por Bergoglio, dejó asentada sus concepciones: un discurso progresista, bajo fundamentos conservadores (cualquier parecido con el peronismo en general y el kirchnerismo en particular, no es pura coincidencia).

Heterodoxo en lo pastoral y conservador en los fundamentos: flexibilidad táctica e intransigencia estratégica. Esto llevó a combinar un relato a favor de los pobres y excluidos con las cruzadas contra el matrimonio igualitario y la "madre de todas las batallas": contra el aborto.

Frente a su propia crisis, la Iglesia parece alinearse bajo el arbitraje de un nuevo "centro", tanto los referentes que quedan de la Teología de la Liberación, como recientemente representantes del Opus Dei, manifestaron su conformidad con la orientación de Francisco I.

El colaborador: Bergoglio y la dictadura

El rol de Bergoglio bajo la dictadura, cuando era delegado, "Provincial" [gobernador], de la Orden jesuita en la Argentina, sigue generando polémica. Los casos más resonantes de esta relación fueron los de los curas jesuitas Yorio y Jalics, detenidos y torturados en la ESMA y el rol jugado por Bergoglio para facilitar su detención. El relato que hace Marcelo Larraquy en su reciente biografía sobre Francisco, deja en evidencia que Bergoglio dejó [aban]"donados" a los curas, ante la persecución de sus captores.

La discusión planteada en los términos de si "actuó mal" en los casos de Yorio y Jalics o "actuó bien" en otros, no tiene síntesis posible, si no se dimensiona la estrategia de conjunto de un miembro jerárquico de la iglesia católica, máximo gobernante de una de sus órdenes (la Compañía de Jesús), frente al genocidio que se estaba llevando adelante con la complicidad directa de muchos miembros de su iglesia.

No existen testimonios que afirmen que Bergoglio fue un colaborador de los [sacerdotes] que bendecían los instrumentos de tortura y ayudaban a arrancar las confesiones a los detenidos. Pero sin embargo, conocía la masacre que se estaba llevando adelante, mientras ocupaba un puesto de mando en una institución colaboracionista. Ayudó a personas en casos específicos y dejó a la intemperie a otros que estaban en situaciones más expuestas (como Yorio y Jalics); y sobre todo, guardó silencio político ante el genocidio.

El estratega: tutelar la pobreza y unificar a la burocracia sindical

Dos movimientos sociales se destacan entre los apadrinados por Bergoglio [en Argentina]: la Fundación La Alameda y el Movimiento de Trabajadores Excluidos (MTE). El MTE, dirigido por Juan Grabois, hijo de uno de los dirigentes la organización peronista [ultraderechista] de los años '70 Guardia de Hierro, agrupa a trabajadores cartoneros.

Lo interesante es la concepción desde la que se orienta esta "opción por los pobres": "La alianza con estas organizaciones sociales tiene el eje en señalar a los pobres como víctimas y proponer una política de "rescate" (...) invisibilizando los momentos de auto organización y participación en luchas colectivas no tuteladas. La impronta colonial de las organizaciones salvíficas organiza todo un discurso de rescate y tutela que se siente "defraudado" cuando los supuestos salvados (...) rechazan y/o critican la misión de fundar cooperativas según la normativa de estas organizaciones" (Revista Crisis Nro. 17, Diciembre 2013).

El rescate tutelado y paternalista de los pobres y la contención del movimiento obrero por un sindicalismo que mantiene un sistema semi-totalitario de control de las organizaciones, son los objetivos estratégicos de Bergoglio, para garantizar el orden y la propiedad (además de la familia). Las relaciones de Bergoglio con dirigentes de las fuerzas políticas de Argentina [abarcan, por ejemplo] al Jefe de Gabinete, Jorge Capitanich, identificado con el Opus Dei, "hombre de fe", o Julio Bárbaro y Guillermo Moreno, relacionados desde la época de su acercamiento a [la ultraderechista] Guardia de Hierro, organización a la que otorgó la dirección de la Universidad del Salvador, cuando la Compañía decidió desprenderse de ella por problemas políticos y financieros.

Últimamente se "reconciliaron" Cristina Fernández y el "ex jefe espiritual de la oposición", cuyo primer obsequio hacia la presidenta, para marcar la agenda, fue el "programa" de Aparecida [el ya mencionado y conservador documento final, redactado por Bergoglio, de la reunión de la CELAM en 2007].

El pacificador: "suspiro" o rebelión de los oprimidos

En la mundialmente conocida obra teatral "Marx en el Soho" (de la que también existe una adaptación argentina, dirigida por al actor Manuel Callau), el guionista [Howard Zinn] hace protestar al Marx ficcional, porque a lo largo de la historia se repitió infinidad de veces la sentencia en la que afirma que "la religión es el opio del pueblo", pero nunca se la comprendió profundamente. Este Marx relee el pasaje completo de la "Crítica a la Filosofía del Derecho de Hegel": "La miseria religiosa, es, por una parte, la expresión de la miseria real y, por otra, la protesta contra ella. La religión es el suspiro de la criatura oprimida, el corazón de un mundo sin corazón, el espíritu de una situación carente de espíritu. Es el opio del pueblo."
El 'aggiornamiento' que quiere desarrollar Bergoglio, ahora convertido en Francisco, pretende devolverle a la Iglesia la capacidad moral y política para desarrollar su función: ser garante del orden, un factor pacificador que colabore en la "gobernanza" de los pobres y la contención del movimiento obrero, a casi seis años de crisis mundial que no encuentra salida en el horizonte. Más allá de los gestos "transgresores", los objetivos

estratégicos son claros. Identificarlos, poner el alerta y sacarlos a la luz para combatirlos es una obligación de quienes apostamos a la rebelión y no al "suspiro" de los oprimidos, para terminar con la miseria real y en consecuencia con la miseria religiosa

VIERNES, 10 DE ENERO DE 2014

Estados Unidos: Como la CIA permitió "las más aterradoras técnicas de tortura"

RUSSIA TODAY - TERCERA INFORMACIÓN

John Rizzo, principal asesor legal de la Agencia Central de Inteligencia (CIA) durante la presidencia de Bush inmediatamente después de los atentados del 11-S, explica cómo autorizó terribles técnicas de tortura que "podría haber evitado fácilmente".

En su última 'confesión', titulada 'Podría haber detenido el submarino antes de que sucediera' y publicada en la revista 'Político', Rizzo relata la visita de varios miembros (de los que no da nombres) de la Oficina del Consejo Jurídico de la Casa Blanca en abril de 2002 y cómo le describieron las que denominaron "técnicas de interrogatorio mejoradas" (TIM) que esperaban emplear con los miembros de Al Qaeda detenidos por la CIA.

Cuando le solicitaron que las aprobara, Rizzo contempló rechazar algunas de ellas, sobre todo las "más aterradoras y terribles" como la técnica de tortura bajo el agua conocida como 'el submarino'. Sin embargo, a pesar de que admite que prohibirlas "habría sido una cosa relativamente fácil de hacer", decidió (mientras se fumaba un cigarro puro y caminaba por la sede de la CIA) que el uso de la mayoría de las prácticas debía seguir adelante. El eufemismo de las TIM se convirtió en un famoso medio de tortura respaldado por la administración de Bush. Rizzo reconoce que supo de inmediato, incluso antes de que dichas técnicas salieran a la luz años después, que la CIA iría más allá de los límites al aplicar dichas prácticas. "Estuve en la CIA lo suficiente como para desarrollar un instinto sobre lo que podría meter a la CIA y a su gente en problemas. Y esto tenía escrito 'problemas' en letras enormes y sin precedentes, por todas partes". En su confesión, Rizzo afirma que el único alto funcionario del Gobierno de Estados Unidos de aquella época que cree que no estaba bien informado sobre las TIM era el propio presidente Bush. "Él no estuvo presente en ninguna de las reuniones del Comité de Directores y ninguno de los directores en cualquiera de las sesiones durante este periodo comentó nunca que el presidente supiera algo de ellas". No obstante, en su libro 'Puntos de decisión', Bush escribió que el por entonces director de la CIA George Tenet le facilitó una lista de las técnicas de interrogación en 2002, dos de las cuales decidió vetar por su excesiva crueldad, según relata él mismo.

NOTICIAS 24
Eva Golinger

(Caracas, 2 de enero. Noticias24) - La abogada e investigadora Eva Golinger se pregunta hoy si pudiera ser **responsable la NSA de la enfermedad que provocó la muerte del presidente Hugo Chávez al intentar espiarlo,** y aclara que la interrogante "ya no parece tan ciencia ficción como tal vez hubiese sido hace un tiempo".

"Hugo Chávez fue blanco principal de la NSA durante años. La posibilidad de que sus herramientas de espionaje hubieran contribuido o causado su enfermedad ya no parece tan ciencia ficción como tal vez hubiese sido hace un tiempo", esgrime en parte de un artículo publicado en el sitio web de la cadena RT.

Golinger también explica que el cáncer de Chávez fue "inusual, sin nombre y sumamente agresivo", añadiendo que **no fue "específico de un órgano".**

"En la familia de Chávez no había otros casos de cáncer, **no existía una predisposición genética.** Fue detectado en junio de 2011 y en menos de dos años, a pesar de fuertes tratamientos, lo mató", argumenta.

Lea a continuación el texto íntegro:

Durante el año 2013, Venezuela experimentó uno de los momentos más difíciles de su historia con el fallecimiento del presidente Hugo Chávez el 5 de marzo. Chávez, un líder de gran envergadura cuyas políticas transformaron el país, **fue víctima de un cáncer agresivo que le quitó la vida** en menos de dos años.

El carismático presidente venezolano enfrentó grandes y poderosos enemigos durante sus 14 años en el poder–siempre electo democráticamente y con mayorías contundentes-Golpes de estado, sabotajes económicos, intervenciones electorales, guerra psicológica, financiamiento multimillonario desde agencias estadounidenses a sus opositores y atentados contra su vida fueron algunas de las tácticas y estrategias de desestabilización que Chávez tuvo que combatir durante su mandato.

Él encabezaba las listas de la Agencia Central de Inteligencia (CIA) y el Pentágono como blanco principal de sus agresiones, y Estados Unidos amplió de manera significativa su presencia militar –abierta y clandestina– alrededor de Venezuela durante su Gobierno. Por eso, su muerte abrupta e inesperada causó muchas sospechas entre sus seguidores y aquellos estudiosos de su visión socio-política. Chávez desafiaba a los intereses más poderosos del mundo, y a la vez, controlaba las más grandes reservas petroleras del planeta.**¿Pudo haber sido un asesinato político la muerte de Chávez?**

Tal vez hace unos años esa pregunta hubiese causado risa en una mayoría de lectores. No obstante, hoy en día, con la inmensa cantidad de información que ha salido a la luz pública de denunciantes como WikiLeaks y el excontratista de la Agencia Nacional de Seguridad de Estados Unidos (NSA) Edward Snowden sobre las graves violaciones de derechos humanos y soberanía cometidas por el Gobierno estadounidense, las preguntas de ese estilo no solo se las hacen los 'conspiranoicos' y los conocedores de la política sucia de Washington.

Hoy el mundo conoce cómo espía el Gobierno estadounidense a sus amigos, aliados, ciudadanos y enemigos: nadie se salva de los ojos y oídos de Washington. Hoy se conoce que casi todas las embajadas de Estados Unidos en el mundo son centros de espionaje y operaciones de inteligencia, violando todos las normas y reglas internacionales sin importar las consecuencias. Se conocen los graves abusos de derechos humanos cometidos por las fuerzas estadounidenses en Irak y Afganistán, y cómo el Gobierno de Barack Obama amplió el uso de aviones no tripulados –o 'drones'– para asesinar a personas inocentes vía control remoto.

Hoy se conoce cómo el Gobierno del primer afro-estadounidense en la Presidencia persigue con furia a quienes dicen verdades sobre los abusos de Washington, y **más aún cuando son ciudadanos estadounidenses como Bradley (Chelsea) Manning, Edward Snowden y Jeremy Hammond.** Se conoce que Washington utilizó su poder económico para intentar neutralizar a WikiLeaks y congelar sus finanzas, bloqueando su acceso a Visa, Mastercard y Paypal solo con el objetivo de silenciarlo e impedir su continua publicación de documentos que revelaban los trapos sucios de la Casa Blanca.

Tanto conocimiento ha convertido al público mundial en menos escéptico y más realista cuando se trata de la capacidad del Gobierno estadounidense de silenciar a sus enemigos, tapar sus errores y utilizar cualquier medida para lograr su dominio.

Hugo Chávez siempre era una piedra en el zapato imperial. **Subestimado por los analistas y asesores de 'mente guerra fría' en Washington, Chávez acabó con la influencia y dominación de Estados Unidos en América Latina en menos de una década.** Transformó a Venezuela de un país dependiente y entregado a la cultura y política estadounidense para ser una nación soberana, libre, independiente, digna y orgullosa de sus raíces, su historia y su cultura afro-indo-americana. Rescató el control de los recursos estratégicos no solamente en Venezuela, sino en toda América Latina, siempre con la bandera de la justicia social. Impulsó la integración regional y la creación de organizaciones como la Unión de Naciones Suramericanas (UNASUR), la Alianza Bolivariana para los Pueblos de Nuestra América (ALBA) y la Comunidad de Estados Latinoamericanos y Caribeños (CELAC), entre otras. Su mano firme frente a las agresiones estadounidenses dio un ejemplo y fue una inspiración para millones alrededor del mundo, que vieron con esperanza la revolución en Venezuela y su expansión regional.

Sin duda, **muchos intereses poderosos en Washington y en otros lugares deseaban la desaparición física de Hugo Chávez.** Intentaron hacerlo en abril de 2002 con un golpe de Estado promovido desde el Gobierno estadounidense que fracasó. Meses después un fuerte sabotaje económico que casi destruyó la industria petrolera del país buscó derrocarlo, pero también falló. Año y medio después paramilitares mercenarios fueron enviados desde Colombia para asesinarlo, solo para ser capturados por autoridades venezolanas, complot neutralizado. En los años siguientes hubo múltiples atentados contra su vida y planes de desestabilización para tumbar su Gobierno, ninguno funcionó. Mientras tanto, la popularidad de Chávez creció y su proyecto socialista comenzó a consolidarse en el país.

Los documentos filtrados de la NSA por Edward Snowden han revelado que el presidente Chávez y su Gobierno estaban en la lista de los seis blancos principales del espionaje estadounidense desde por lo menos 2007. Apenas un año antes, la Casa Blanca creó una misión especial de inteligencia para Venezuela que reportaba directamente al director nacional de Inteligencia, por encima de la CIA y las otras 15 agencias de inteligencia en Estados Unidos. **La misión especial era completamente clandestina, contando con grandes recursos y capacidades.** Solo existían otras dos misiones de ese estilo: para Irán y Corea del Norte. Incluir a Venezuela con dos países enemigos declarados de Washington era indicador del nivel de amenaza que representaba Hugo Chávez para el poder estadounidense.

La enfermedad

El cáncer que sufrió Chávez que acabó con su vida tan de repente era raro. **Como ha explicado el actual presidente Nicolás Maduro, su cáncer fue inusual, sin nombre y sumamente agresivo.** No era específico de un órgano. En la familia de

Chávez no había otros casos de cáncer, no existía una predisposición genética. Fue detectado en junio de 2011 y en menos de dos años, a pesar de fuertes tratamientos, lo mató.

Documentos desclasificados del Ejército estadounidense y obtenidos por AP en 1995 a través de la Ley de Acceso a la Información (FOIA) evidenciaban que desde el año 1948 **el Pentágono buscaba crear un arma de radiación para asesinatos políticos.**

Otro estudio de inteligencia del Ejército estadounidense en 1969 confirmaba que el uso clandestino de la radiación como arma podría causar la muerte o graves enfermedades en adversarios políticos. En otras palabras, era un método de asesinato que estaban probando activamente.

Se puede imaginar si desde 1948 **Washington estaba experimentando con radiación como arma de asesinato político,** hasta dónde habría llegado esta tecnología en el siglo XXI.

Asesinato vía espionaje

Un cable secreto del Departamento de Estado del 31 de enero de 1976 alertaba sobre los graves efectos en la salud causados por microondas radioactivas usadas por la KGB para espiar a la embajada de Estados Unidos en Moscú: **"Nuestros expertos médicos son de la opinión de que la exposición prolongada a microondas radioactivas de los niveles medidos en la**

embajada de Estados Unidos constituyen una amenaza para la salud".
No obstante, Washington procedió a desarrollar herramientas de espionaje mucho más poderosas y con mayores frecuencias de radiación.

Documentos filtrados de la NSA por Edward Snowden y recientemente publicados en el periódico alemán 'Der Spiegel' hacen referencia a un poderoso equipo desarrollado por la agencia estadounidense que emite radio ondas continuas de alta frecuencia contra un blanco para monitorear y capturar todas sus comunicaciones. Según el documento ultra secreto de la NSA, el equipo, el CTX4000, es **"una unidad radar portátil de ondas continuas (CW). Puede ser utilizado para iluminar a un blanco para recuperar información fuera de la red".**
"El CTX4000 suministra capacidad para recolectar señales que de otra manera no serían recolectadas, o serían extremadamente difíciles de recolectar y procesar". El documento detalla sus capacidades: "Rango de frecuencias: 1-2 GHz; Banda ancha: a 45 MHz; Potencia de salida: hasta 2W usando la ampliadora interna; ampliadora externa hasta 1 kW".

Un kilowatt es una fuerte capacidad y cantidad de ondas radioactivas. Esta cantidad proyectada contra una persona por un periodo continuo podría causar graves daños a su salud. El estudio del Ejército estadounidense en 1969 (mencionado anteriormente) sobre los efectos en la salud de la radiación como arma destaca que el impacto –o el evento deseado, en otras palabras, la muerte del

49

blanco– **podría manifestarse años después de la exposición al agente radiactivo.** Dentro de los documentos de la NSA publicados en 'Der Spiegel' también hay detalles sobre otras formas de espionaje a través de teléfonos celulares, sistemas wifi y redes móviles que también podrían tener graves efectos contra la salud de los blancos. No obstante, el uso de un equipo radar portátil que emite ondas continuas de alta potencia contra una persona parece ser más que un mecanismo de espionaje, **podría ser un instrumento de asesinato.**

Hugo Chávez fue blanco principal de la NSA durante años. La posibilidad de que sus herramientas de espionaje hubieran contribuido o causado su enfermedad ya no parece tan ciencia ficción como tal vez hubiese sido hace un tiempo.

Por Eva Golinger / <u>RT</u>

¿Puede la civilización sobrevivir al capitalismo?

Noam Chomsky
La Jornada

Hay capitalismo y luego el verdadero capitalismo existente.

El término capitalismo se usa comúnmente para referirse al sistema económico de Estados Unidos con intervención sustancial del Estado, que va de subsidios para innovación creativa a la póliza de seguro gubernamental para bancos demasiado-grande-para-fracasar.

El sistema está altamente monopolizado, limitando la dependencia en el mercado cada vez más: En los últimos 20 años el reparto de utilidades de las 200 empresas más grandes se ha elevado enormemente, reporta el académico Robert W. McChesney en su nuevo libro *Digital disconnect*. Capitalismo es un término usado ahora comúnmente para describir sistemas en los que no hay capitalistas; por ejemplo, el conglomerado-cooperativa Mondragón en la región vasca de España o las empresas cooperativas que se expanden en el norte de Ohio, a menudo con apoyo conservador –ambas son discutidas en un importante trabajo del académico Gar Alperovitz. Algunos hasta pueden usar el término capitalismo para referirse a la democracia industrial apoyada por John Dewey, filósofo social líder de Estados Unidos, a finales del siglo XIX y principios del XX. Dewey instó a los trabajadores a ser los dueños de su destino industrial y a todas las instituciones a someterse a control público, incluyendo los medios de producción, intercambio, publicidad, transporte y comunicación. A falta de esto, alegaba Dewey, la política seguirá siendo la sombra que los grandes negocios proyectan sobre la sociedad. La democracia truncada que Dewey condenaba ha quedado hecha andrajos en los últimos años. Ahora el control del gobierno se ha concentrado estrechamente en el máximo del índice de ingresos, mientras la gran mayoría de los de abajo han sido virtualmente privados de sus derechos.

El sistema político-económico actual es una forma de plutocracia que diverge fuertemente de la democracia, si por ese concepto nos referimos a los arreglos políticos en los que la norma está influenciada de manera significativa por la voluntad pública. Ha habido serios debates a través de los años sobre si el capitalismo es compatible con la democracia. Si seguimos que la democracia capitalista realmente existe (DCRE, para abreviar), la pregunta es respondida acertadamente: Son radicalmente incompatibles. A mí me parece poco probable que la civilización pueda sobrevivir a la DCRE y la democracia altamente atenuada que conlleva. Pero, ¿podría una democracia que funcione marcar la diferencia? Sigamos el problema inmediato más crítico que enfrenta la civilización: una catástrofe ambiental. Las políticas y actitudes públicas divergen marcadamente, como sucede a menudo bajo la DCRE. La naturaleza de la brecha se examina en varios artículos de la edición actual del *Deadalus*, periódico de la Academia Americana de Artes y Ciencias.

El investigador Kelly Sims Gallagher descubre que 109 países han promulgado alguna forma de política relacionada con la energía renovable, y 118 países han establecido objetivos para la energía renovable. En contraste, Estados Unidos no ha adoptado ninguna política consistente y estable a escala nacional para apoyar el uso de la energía renovable. No es la opinión pública lo que motiva a la política estadounidense a mantenerse fuera del espectro internacional. Todo lo contrario. La opinión está mucho más cerca de la norma global que lo que reflejan las políticas del gobierno de Estados Unidos, y apoya mucho más las acciones necesarias para confrontar el probable desastre ambiental pronosticado por un abrumador consenso científico –y uno que no está muy lejano; afectando las vidas de nuestros nietos, muy probablemente. Como reportan Jon A. Krosnik y Bo MacInnis en *Daedalus*: Inmensas mayorías han favorecido los pasos del gobierno federal para reducir la cantidad de emisiones de gas de efecto invernadero generadas por las compañías productoras de electricidad. En 2006, 86 por ciento de los encuestados favorecieron solicitar a estas compañías o apoyarlas con exención de impuestos para reducir la cantidad de ese gas que emiten... También en ese año, 87 por ciento favoreció la exención de impuestos a las compañías que producen más electricidad a partir de agua, viento o energía solar. Estas mayorías se mantuvieron entre 2006 y 2010, y de alguna manera después se redujeron. El hecho de que el público esté influenciado por la ciencia es profundamente preocupante para aquellos que dominan la economía y la política de Estado. Una ilustración actual de su preocupación es la enseñanza sobre la ley de mejora ambiental, propuesta a los legisladores de Estado por el Consejo de Intercambio Legislativo Estadounidense (CILE), grupo de cabildeo de fondos corporativos que designa la legislación para cubrir las necesidades del sector corporativo y de riqueza extrema. La Ley

CILE manda enseñanza equilibrada de la ciencia del clima en salones de clase K-12. La enseñanza equilibrada es una frase en código que se refiere a enseñar la negación del cambio climático, a equilibrar la corriente de la ciencia del clima. Es análoga a la enseñanza equilibrada apoyada por creacionistas para hacer posible la enseñanza de ciencia de creación en escuelas públicas. La legislación basada en modelos CILE ya ha sido introducida en varios estados.

Desde luego, todo esto se ha revestido en retórica sobre la enseñanza del pensamiento crítico –una gran idea, sin duda, pero es más fácil pensar en buenos ejemplos que en un tema que amenaza nuestra supervivencia y ha sido seleccionado por su importancia en términos de ganancias corporativas. Los reportes de los medios comúnmente presentan controversia entre dos lados sobre el cambio climático. Un lado consiste en la abrumadora mayoría de científicos, las academias científicas nacionales a escala mundial, las revistas científicas profesionales y el Panel Intergubernamental sobre Cambio Climático (PICC). Están de acuerdo en que el calentamiento global está sucediendo, que hay un sustancial componente humano, que la situación es seria y tal vez fatal, y que muy pronto, tal vez en décadas, el mundo pueda alcanzar un punto de inflexión donde el proceso escale rápidamente y sea irreversible, con severos efectos sociales y económicos. Es raro encontrar tal consenso en cuestiones científicas complejas. El otro lado consiste en los escépticos, incluyendo unos cuantos científicos respetados –

que advierten que es mucho lo que aún se ignora–, lo cual significa que las cosas podrían no estar tan mal como se pensó, o podrían estar peor. Fuera del debate artificial hay un grupo mucho mayor de escépticos: científicos del clima altamente reconocidos que ven los reportes regulares del PICC como demasiado conservadores. Y, desafortunadamente, estos científicos han demostrado estar en lo correcto repetidamente. Aparentemente, la campaña de propaganda ha tenido algún efecto en la opinión pública de Estados Unidos, la cual es más escéptica que la norma global. Pero el efecto no es suficientemente significativo como para satisfacer a los señores.

Presumiblemente esa es la razón por la que los sectores del mundo corporativo han lanzado su ataque sobre el sistema educativo, en un esfuerzo por contrarrestar la peligrosa tendencia pública a prestar atención a las conclusiones de la investigación científica. En la Reunión Invernal del Comité Nacional Republicano (RICNR), hace unas semanas, el gobernador por Luisiana, Bobby Jindal, advirtió a la dirigencia que tenemos que dejar de ser el partido estúpido. Tenemos que dejar de insultar la inteligencia de los votantes. Dentro del sistema DCRE es de extrema importancia que nos convirtamos en la nación estúpida, no engañados por la ciencia y la racionalidad, en los intereses de las ganancias a corto plazo de los señores de la economía y del sistema político, y al diablo con las consecuencias. Estos compromisos están profundamente arraigados en las doctrinas de mercado fundamentalistas que se predican dentro del DCRE, aunque se siguen de manera altamente selectiva, para sustentar un Estado poderoso que sirve a la riqueza y al poder.

Las doctrinas oficiales sufren de un número de conocidas ineficiencias de mercado, entre ellas el no tomar en cuenta los efectos en otros en transacciones de mercado. Las consecuencias de estas exterioridades pueden ser sustanciales. La actual crisis financiera es una ilustración. En parte es rastreable a los grandes bancos y firmas de inversión al ignorar el riesgo sistémico –la posibilidad de que todo el sistema pueda colapsar– cuando llevaron a cabo transacciones riesgosas. La catástrofe ambiental es mucho más seria: La externalidad que se está ignorando es el futuro de las especies. Y no hay hacia dónde correr, gorra en mano, para un rescate. En el futuro los historiadores (si queda alguno) mirarán hacia atrás este curioso espectáculo que tomó forma a principios del siglo XXI. Por primera vez en la historia de la humanidad los humanos están enfrentando el importante prospecto de una severa calamidad como resultado de sus acciones – acciones que están golpeando nuestro prospecto de una supervivencia decente. Esos historiadores observarán que el país más rico y poderoso de la historia, que disfruta de ventajas incomparables, está guiando el esfuerzo para intensificar la probabilidad del desastre. Llevar el esfuerzo para preservar las condiciones en las que nuestros descendientes inmediatos puedan tener una vida decente son las llamadas sociedades primitivas: Primeras naciones, tribus, indígenas, aborígenes.

Los países con poblaciones indígenas grandes y de influencia están bien encaminados para preservar el planeta. Los países que han llevado a la población indígena a la extinción o extrema marginación se precipitan hacia la destrucción. Por eso Ecuador, con su gran población indígena, está buscando ayuda de los países ricos para que le permitan conservar sus cuantiosas reservas de petróleo bajo tierra, que es donde deben estar. Mientras tanto, Estados Unidos y Canadá están buscando quemar combustibles fósiles, incluyendo las peligrosas arenas bituminosas canadienses, y hacerlo lo más rápido y completo posible, mientras alaban las maravillas de un siglo de (totalmente sin sentido) independencia energética sin mirar de reojo lo que sería el mundo después de este compromiso de autodestrucción. Esta observación generaliza: Alrededor del mundo las sociedades indígenas están luchando para proteger lo que ellos a veces llaman los derechos de la naturaleza, mientras los civilizados y sofisticados se burlan de esta tontería. Esto es exactamente lo opuesto a lo que la racionalidad presagiaría –a menos que sea la forma sesgada de la razón que pasa a través del filtro de DCRE.

(El nuevo libro de Noam Chomsky es *Power Systems: Conversations on Global Democratic Uprisings and the New Challenges to U.S. Empire. Conversations with David Barsamian)*

Fuente: http://www.jornada.unam.mx/2013/03/17/index.php?section=opinion&article=022a1mun

Siria y la crisis que se vuelve indeterminada

Juan Francisco Coloane

(especial para ARGENPRESS.info)

Con el resurgimiento de la intensa actividad terrorista en Siria, Irak y el Líbano, la "Crisis Siria" entra en una etapa indeterminada. Ha dejado de funcionar bajo ese cómodo y permisivo rótulo de guerra civil acuñado erróneamente desde un comienzo por la alianza de países formada para intervenir en Siria.

Esperando el desenlace conocido en Egipto, Túnez, Libia y antes en Irak, con el derrocamiento de los gobiernos, se insistió en el tema de la guerra civil. Con el rápido ascenso de la actividad terrorista el concepto comenzó a desvirtuarse donde a sabiendas de Naciones Unidas, muchos de los países de esa alianza facilitaron la llegada de miles de terroristas.

Lo de guerra civil ha tenido el tinte de instrumento de propaganda para justificar el derrocamiento de un gobierno con una intervención inédita: La principal actividad bélica se redujo a una lucha entre el gobierno Sirio y diversas organizaciones terroristas acogidas en un plan de intervención extranjera; hay que decirlo, sin la aprobación del Consejo de Seguridad de Naciones Unidas y por el contrario, con tres países miembros permanentes de ese consejo, como Estados Unidos, Reino Unido y Francia, influyendo en la posibilidad de que la actividad terrorista apoyara el derrocamiento del gobierno Sirio.

Debido a la variedad de causales y situaciones nuevas que se produjeron y que provienen de una misma matriz conceptual – la aspiración de supremacía en algunas potencias globales y regionales-, el tema hoy no es Siria en particular.

Más ajustado a la realidad es señalar una lista de situaciones políticas críticas que es larga. A modo de resumir, desde la partida es la crisis existencial de una región intervenida históricamente en demasía por potencias extranjeras.

De ese escenario confluyen una serie de realidades que el arreglo transicional post guerra fría no ha podido manejar por la carencia de un sistema institucional en donde la Organización de Naciones Unidas ha demostrado el mayor déficit político. Las situaciones son todas críticas, una más que otra con su complejidad particular aunque están entrelazadas. Es con Irán y su rol de potencia regional acosada por la Alianza Transatlántica. Es con Arabia Saudí intentando convertirse en poder regional para salvar su Monarquía en proceso terminal. Es la crisis de Israel por haber cambiado los principios de su fundación de democracia a un estado de tipo fascista. Es el déficit en la comunidad internacional por no haber podido crea en 67 años un estado Palestino sin condiciones. Es la guerra fría incesante y sus dividendos inmanejables por la geopolítica, es el eje del poder instalado en las naciones más poderosas por la supremacía. Y el tema que engloba las anteriores, es el capitalismo en crisis.

Este contexto apuntado someramente, ha desbordado a la llamada Crisis Siria. El dilema no es "entre una dictadura y la anarquía" como lo señalan muchos medios. Un corresponsal de Radio Francia Internacional el martes pasado lo afirmó enfáticamente en una radio de Santiago como si fuera un mensaje de la cancillería francesa. Por conveniencia propagandística, los que diseñaron el plan de derrocar al presidente Sirio, sabiendo que el contexto era más complejo y ramificado, redujeron el tema a Siria y un sistema de gobierno.

La coalición de oposición al gobierno Sirio fracasó en su intento en derrocar a Bashar al -Assad y asimismo fracasaron los que la apoyaron. Resulta absurdo que esta coalición condicione su participación en la conferencia de Ginebra II a la renuncia del presidente Sirio. Lo han manifestado varias veces y ha sido el predicamento de Estados Unidos. Después que han sido derrotados en el plano bélico y sobretodo en el político, la demanda es una agresión a la cordura aunque retrata lo viscoso de la negociación y abre más incertidumbre.

Un periodista fogueado en lides complejas contra dictaduras cuando desaparecían periodistas y que sigue el tema, me deja caer una frase: "Bashar al Assad ha podido resistir y mantener al estado Sirio.

60

Pero tengo el pálpito que los Estados Unidos se lo van a timar".

A pesar de los serios avances del Ejército Árabe Sirio contra el terrorismo y una oposición armada cada vez menos gravitante en comparación con las diversas organizaciones terroristas que operan en clave Yihad, en los últimos artículos del New York Times y de otros medios de gran alcance acoplados a la idea de derribar al gobierno, se desliza siempre la renuncia del presidente Sirio como el elemento de inflexión para acabar con la guerra.

No podía expresarse de otra forma la frustración de un plan fracasado después de 34 meses. El presidente Bashar al Assad no fue derrocado ni el estado Sirio se ha desintegrado. No obstante, la situación diezmada debido a tres años de guerra, la existencia del estado Sirio es la razón de ser para que se realice una conferencia por la paz como Ginebra II. Esa es la paradoja. Se articuló un plan para derrocar un gobierno y de paso casi se destruye un estado por destruir una institucionalidad – la del gobierno Sirio- que no es aliada a los objetivos de un polo de poder, la Alianza Transatlántica que lidera Estados Unidos.

El papel de las corporaciones transnacionales y la institucionalidad que las respalda, no escapa a la responsabilidad de haber contribuido al actual estado de situación en Siria, especialmente por la batalla que se constata en el mundo corporativo energético para posicionarse en zonas estratégicas como las que representan Siria e Irak (1). El modelo de estados de excepción, estará siempre incubándose para que los países de la Alianza Transatlántica consoliden el proyecto de formar ese "gran medio oriente" previsible y controlable, para los criterios de globalidad sólo manejables desde el mundo corporativo del capital transnacional.

La Crisis Siria obliga a hacer un esfuerzo extra para encontrar una línea argumental y ver si existe coherencia en un proceso que aún parece inexplicable, especialmente con los responsables principales que durante dos años y medio han intentando derrocar un gobierno con un evento bélico descontrolado usando el terrorismo.

En este episodio dramático y devastador de casi tres años, se expresa la crisis del estado liberal en el plano internacional. Al observarla, la contracción analítica y el binarismo de buenos y malos, es patético. Los medios acoplados en la asonada contra el estado Sirio, comparten una responsabilidad demoníaca en ese simplismo. Al final forman parte del aparato operacional de ese gran capital internacional corporativo que ha movido los hilos en forma muy inteligente para no aparecer con responsabilidad directa en esta crisis indeterminada.

Es una gran incógnita anticipar lo qué sucederá con Siria. Lo que sí observamos es un cuerpo de hitos de un período en que las reglas del juego en política internacional han sido radicalmente distorsionadas para hacernos creer que los problemas arrastrados por las colonizaciones en el

Medio Oriente, el Golfo Pérsico y los países árabes, estaban superados.

Notas:
1) De las 50 Corporaciones Transnacionales (CT) de mayor capital y alcance global, 41 se concentran en los sectores de energía, armamento, transporte, comunicaciones, minería y farmacéutico. De las 10 CT más poderosas en capital, ventas y empleo, 6 son del sector de energía, petróleo y gas. La 50 CT se reparten globalmente así: Estados Unidos 12, Reino Unido 8, Alemania 7, Francia 4, Japón 4, Suiza 3, Italia 3 España 2. Con una TC aparecen China, China-Hong-Kong, Australia, Bélgica, Luxemburgo, Noruega y Taiwan. (Ranking by Foreign Assets. UNCTAD 2013).

JUEVES, 9 DE ENERO DE 2014

Cincuenta millones de pobres, asignatura pendiente en Estados Unidos
PL

Las casi 50 millones de personas atenazadas por la pobreza en Estados Unidos, incluyendo 13,4 millones de niños, desmienten hoy a quienes califican a la gran potencia económica como tierra de oportunidades para todos.

Para uno de cada seis estadounidenses el llamado Sueño Americano sigue siendo una quimera, medio siglo después de que el entonces presidente Lyndon B. Johnson (1963-1969) iniciara lo que denominó la guerra contra la pobreza.

El 8 de enero de 1964, Johnson anunció una lucha sin cuartel para acabar con la penuria durante su primer discurso sobre el estado de la Unión ante el Congreso, dos meses después de reemplazar en el cargo al asesinado John F. Kennedy.
El plan de Johnson contenía 15 programas sociales que sus sucesores, tanto demócratas como republicanos, han pretendido consolidar o reformar.

Este jueves, el presidente Barack Obama planea anunciar las primeras cinco "Zonas Promesa", para su reactivación económica y social, ubicadas en San Antonio (Texas), Filadelfia (Pensilvania), Los Ángeles (California), el sureste de Kentucky y Oklahoma, según informó la Casa Blanca.

La iniciativa fue anunciada por primera vez en enero pasado, durante el discurso sobre el estado de la Unión, como forma de colaborar con las comunidades locales y empresas para crear puestos de trabajo, aumentar la seguridad económica, ampliar el acceso a las oportunidades educativas y de vivienda asequible y mejorar la seguridad pública, sobre todo de los menores.

La administración Obama, que pulsea con la oposición republicana la permanencia de programas sociales, pretende aprovechar la ocasión del aniversario para impulsar algunos programas clave para la seguridad económica del país.

Hace dos días, el Consejo de Asesores Económicos de la Casa Blanca reconoció en un informe de 53 páginas que si bien el índice de pobreza cayó del 26 por ciento en 1967 al 16 por ciento en 2012, ese tópico sigue siendo una asignatura pendiente.

El texto alabó los beneficios de la reforma de salud de 2010, la cuestionada ObamaCare, que busca asegurar los servicios de seguro médico para los más de 45 millones de ciudadanos carentes de cobertura médica mediante la compra obligatoria de las pólizas.

También advierte el documento sobre la necesidad de incentivar el crecimiento económico y el aumento del salario mínimo federal de 7,25 a 10 dólares la hora, pero sin recortar programas de apoyo al desempleo, como exigen los republicanos. El martes, el Senado aprobó un proyecto de ley que extiende por tres meses los beneficios por desempleo, lo cual favorece a 1,3 millones de estadounidenses.
La Cámara de Representantes, dominada por los republicanos, adelantó que rechazarán la medida por su alto costo.

Al borde de la destrucción (o cómo destruir el planeta sin apenas esfuerzo)

Noam Chomsky
TomDispatch.com

Traducido del inglés para Rebelión por Sinfo Fernández

¿Qué nos deparará el futuro? Para escrutarlo, una posibilidad sería observar a la especie humana desde fuera. Por tanto, imagínense que son observadores extraterrestres que están tratando de averiguar qué está sucediendo aquí o, si vamos al caso, imagínense que dentro de cien años son historiadores –asumiendo que haya algún historiador dentro de cien años, lo que no resulta tan obvio- y que están mirando hacia atrás, a lo que está sucediendo hoy en día. Verían algo totalmente increíble.

Por primera vez en la historia de la especie humana, hemos desarrollado claramente la capacidad de destruirnos a nosotros mismos. Y así llevamos desde 1945. Es ahora cuando al fin se está reconociendo que hay procesos a más largo plazo, como la destrucción medioambiental, que van en esa misma dirección; quizá no de la destrucción total pero sí al menos hacia la destrucción de la posibilidad de una existencia decente.

Y hay otros peligros, como las pandemias, que tienen que ver con la globalización e interacciones. Por tanto, hay procesos e instituciones aplicándose a tal fin, como los sistemas de armas nucleares, que podrían provocar un inmenso desastre o incluso poner fin a una existencia organizada.

Cómo destruir un planeta sin apenas esfuerzo

La pregunta es: ¿Qué está haciendo la gente frente a esta situación? Nada de todo esto es secreto. Todo aparece perfectamente claro. En realidad, hay que hacer esfuerzos para no verlo.

Ha habido todo un abanico de reacciones. Están los que trabajan resueltamente intentando hacer algo frente a esas amenazas, mientras que otros se esfuerzan en intensificarlas. Si Vds. pudieran ver quiénes son, los futuros historiadores u observadores extraterrestres percibirían algo muy extraño. Tratando de mitigar o superar esas amenazas tenemos a las sociedades menos desarrolladas, a las poblaciones indígenas, o a lo que queda de ellas, las sociedades tribales y aborígenes del Canadá. No hablan de guerra nuclear sino de desastre medioambiental y están realmente intentando hacer algo.

De hecho, por todo el mundo –Australia, India, Sudamérica-, hay batallas emprendidas y, en ocasiones, guerras. En la India, hay una guerra importante respecto a la destrucción medioambiental directa, con las sociedades tribales intentando resistirse a las operaciones de extracción de recursos que están causando daños inmensos en las comunidades locales, pero también respecto a sus consecuencias generales. En sociedades donde las poblaciones indígenas tienen influencia, muchos están adoptando una posición firme. El país que muestra la posición más firme respecto al calentamiento global es Bolivia, que tiene una mayoría indígena y mandatos constitucionales que protegen "los derechos de la naturaleza". Ecuador, que también tiene una gran población indígena, es el único exportador de petróleo que conozco donde el gobierno está buscando apoyos que le ayuden a mantener ese petróleo en la tierra, en vez de producirlo y exportarlo, y es en la tierra donde debería estar.

El Presidente venezolano Hugo Chávez, que murió recientemente y fue objeto de burlas, insultos y odio en todo el mundo occidental, asistió hace pocos años a una sesión de la Asamblea General de las Naciones Unidas en la que suscitó todo tipo de mofas por llamar diablo a George W. Bush. Pero también ofreció un discurso que resultó muy interesante. Ya sabemos que Venezuela es un importante productor de petróleo. Prácticamente, el petróleo supone todo su PIB. En aquel discurso, advertía de los peligros del uso excesivo de combustibles fósiles e instaba a unirse a los países productores y consumidores s fin de encontrar vías que redujeran el uso de dichos combustibles. Resultaba sorprendente que ese discurso surgiera de un productor de petróleo. Pero, ya saben, él era en parte indio, de origen indígena. A diferencia de las cosas divertidas que hizo, no se informó nunca de este aspecto de su intervención ante la ONU.

Así pues, por un extremo tienen las sociedades indígenas tribales intentando detener la carrera al desastre. En el otro extremo, las sociedades más poderosas y ricas de la historia del mundo, como Estados Unidos y Canadá, inmersas en una veloz carrera para destruir el medioambiente lo más rápidamente posible. A diferencia de Ecuador y de las sociedades indígenas por todo el mundo, quieren extraer de la tierra hasta la última gota de los hidrocarbonos y a la máxima velocidad posible.

Los dos partidos políticos estadounidenses, el Presidente Obama, los medios y la prensa internacional parecen esperar con gran entusiasmo eso que llaman "un siglo de independencia energética" para EEUU. La independencia energética es un concepto que casi no tiene sentido, pero dejemos eso ahora a un lado. Lo que están queriendo decir es esto: Tendremos un siglo en el que vamos a maximizar el uso de combustibles fósiles y contribuir cuanto podamos a la destrucción del planeta.

E igual pasa por casi todas partes. Es cierto que en lo que se refiere al desarrollo de las alternativas energéticas, Europa está intentando hacer algo. Mientras tanto, EEUU, el país más rico y poderoso en la historia del mundo, es la única nación entre las cien más importantes que no tiene una política nacional para restringir el uso de combustibles fósiles, que ni siquiera tiene objetivos de energía renovable. Y no es porque su población no quiera. Los estadounidenses están muy cerca de la media internacional en su preocupación por el calentamiento global. Son sus estructuras institucionales las que bloquean el cambio. Los intereses empresariales no quieren y tienen un poder casi absoluto a la hora de determinar las políticas, por lo que, en un montón de cuestiones, incluida ésta, hay una enorme brecha entre lo que quiere la opinión pública y lo que los políticos hacen.

Por tanto, eso es lo que el futuro historiador –si es que queda alguno- vería. Podría también leer las revistas científicas actuales. Casi cada una de las que abra contendrá una predicción más terrible que la anterior.

"El momento más peligroso en la historia"

La otra cuestión es la guerra nuclear. Somos conscientes desde hace bastante tiempo de que si una gran potencia lanza un primer ataque, incluso aunque no haya represalias, lo más probable es que la civilización acabara desapareciendo tan sólo por las consecuencias que sobrevendrían del invierno nuclear. Pueden leer sobre ello en el *Bulletin of Atomic Scientists*. Lo entenderán bien. El peligro ha sido siempre mucho más grave de lo que pensábamos.

Acaba de pasar el 50º aniversario de la Crisis de los Misiles de Cuba, que el historiador Arthur Schlesinger, asesor del Presidente John F. Kennedy, denominó como el "momento más peligroso en la historia". Y lo fue. Nos salvamos por los pelos y tampoco fue ésa la única vez. Sin embargo, de alguna manera, el aspecto más negativo de todos esos nefastos sucesos es que no se aprenden las lecciones.

Se ha adornado mucho lo acaecido en la Crisis de los Misiles de octubre de 1962 para que parezca que abundaron los actos de coraje y reflexión. La verdad es que todo el episodio fue cosa de locos. Hubo un punto, cuando la crisis estaba alcanzando su momento álgido, en que el Premier soviético Nikita Kruschev escribió a Kennedy ofreciéndole solucionarla a través de un comunicado público informando de la retirada de los misiles rusos de Cuba y de los estadounidenses de Turquía. En realidad, Kennedy ni siquiera sabía en aquel momento que EEUU tuviera misiles en Turquía. Iban a retirarlos de todas formas porque iban a sustituirlos con los submarinos nucleares Polaris, mucho más letales e invulnerables.

Así pues, la oferta fue ésa. Kennedy y sus asesores la consideraron y la rechazaron. En aquella época, el mismo Kennedy valoraba las probabilidades de una guerra nuclear entre un tercio y la mitad. Por tanto, estaba dispuesto a aceptar un riesgo muy alto de destrucción masiva a fin de establecer el principio de que nosotros –y sólo nosotros- tenemos derecho a disponer de misiles de ataque más allá de nuestras fronteras, donde se nos antoje, no importa el riesgo que supongan para otros, o para nosotros mismos si las cosas se salen de madre. Tenemos ese derecho, nadie más.

Sin embargo, Kennedy aceptó un acuerdo secreto para retirar los misiles que EEUU estaba ya retirando, aunque nunca se hizo público. Es decir, Kruschev tenía que retirar abiertamente los misiles rusos mientras que EEUU retiraba secretamente los suyos, que se habían quedado obsoletos; por tanto, había que humillar a Kruschev pero Kennedy tenía que mantener su imagen de macho. Fue muy alabado por esto: valor y sangre fría bajo la amenaza, etc. El horror de sus decisiones no llegó siquiera a mencionarse, intenten encontrarlo en los archivos...

Y por añadir algo más, un par de meses antes de que estallara la crisis, EEUU había enviado misiles con ojivas nucleares a Okinawa. Misiles que estuvieron apuntando hacia China durante un período de gran tensión regional.

Bien, ¿y a quién le importa? Tenemos derecho a hacer lo que se nos antoje en cualquier lugar del mundo. Esa fue una de las lecciones funestas de esa época, pero irían llegando más.

Diez años después, en 1973, el Secretario de Estado Henry Kissinger emitió una alerta nuclear de alto nivel. Fue su forma de advertir a los rusos que no interfirieran en la guerra árabe-israelí en marcha y, especialmente, que no interfieran una vez que informó a los israelíes de que podían violar el alto el fuego que EEUU y Rusia acababan de acordar. Afortunadamente, no sucedió nada.

Diez años más tarde, el Presidente Ronald Reagan llegaba al poder. Poco después de que pusiera un pie en la Casa Blanca, él y sus asesores hicieron que la Fuerza Aérea empezara a penetrar en el espacio aéreo ruso para obtener información acerca de los sistemas de alerta rusos, la denominada Operación Able Archer [Arquero Capaz]. Se trataba esencialmente de ataques simulados. Los rusos se sentían inseguros, algunas autoridades de alto nivel temían que ese fuera un paso hacia un primer ataque real. Por fortuna no reaccionaron, aunque estuvieron a punto. Y todo sigue igual.

¿Qué hacer con las crisis nucleares iraní y norcoreana?

Por el momento, la cuestión nuclear, en los casos de Corea el Norte e Irán, sigue ocupando regularmente las primeras páginas de los medios. Pero hay vías para poder abordar estas crisis actuales. Quizá no funcionen pero al menos hay que intentarlo. Sin embargo, no se están teniendo en cuenta, ni siquiera se informa de ellas.

Cojamos el caso de Irán, que es considerado en Occidente –no en el mundo árabe, no en Asia- como la amenaza más grave para la paz mundial. Es una obsesión occidental y es interesante investigar las razones de ello, no obstante, dejémoslo a un lado por el momento. ¿Hay alguna vía para abordar esa supuesta amenaza tan grave para la paz mundial? En realidad hay muchas. Hay una vía, muy sensata, que se propuso hace un par de meses en una reunión de Países No Alineados en Teherán. De hecho, estaban sólo reiterando una propuesta que tiene varias décadas de existencia y que especialmente impulsada por Egipto y aprobada por la Asamblea General de las Naciones Unidas.

La propuesta consiste en avanzar hacia el establecimiento de una zona libre de armas nucleares en la región. Esa no sería la respuesta a todo, pero sería un paso adelante muy significativo. Y hay otras maneras de proceder. Bajo los auspicios de la ONU, debería haberse celebrado en Finlandia el pasado mes de diciembre una conferencia internacional para intentar poner en marcha una serie de planes que desarrollaran esa propuesta. ¿Qué fue lo que sucedió?

No lo habrán podido leer en los periódicos, porque no se informó de nada, sólo en algunas revistas especializadas. A primeros de noviembre, Irán manifestó su acuerdo en asistir a la reunión. Un par de días más tarde, Obama canceló la reunión, diciendo que no era el momento adecuado. El Parlamento Europeo emitió un comunicado pidiendo que se mantuviera, al igual que los Estados árabes. No se consiguió nada. Así pues, impongamos sanciones cada vez más duras contra la población iraní −que ni rozan al régimen- y después ¡a la guerra! ¿Quién sabe qué sucederá?

La misma historia tiene lugar en Asia Nororiental. Puede que Corea del Norte sea el país más loco del mundo. Sin duda que es un buen competidor al título. Pero sí tiene sentido intentar averiguar qué hay en la mente de la gente cuando actúa de forma loca. ¿Por qué se comportan así? Tan sólo pongámonos un poco en su situación. Imaginen lo que significó en los años de la Guerra de Corea, en los primeros años de la década que se inició en 1950, que tu propio país acabara totalmente arrasado, totalmente destruido por una inmensa superpotencia, que además se regodeaba en lo que estaba haciendo. Imaginen la huella que eso deja atrás.

Tengan en cuenta que es probable que los líderes de Corea del Norte leyeran las revistas militares públicas de la época de esa superpotencia que explicaban que, una vez arrasado todo en Corea del Norte, se envió a la fuerza aérea para destruir las presas norcoreanas, presas inmensas que controlaban el suministro de agua; y se hizo a propósito, un crimen de guerra por el que se colgó a gente en Nuremberg. Y esas revistas oficiales hablaban con excitación de lo maravilloso que era ver cómo el agua se desperdiciaba inundando los valles mientras los asiáticos corrían a la desesperada tratando de sobrevivir. Las revistas se mostraban exultantes de lo que eso significó para aquellos "asiáticos", horrores que escapan a cualquier imaginación. Significó la destrucción de sus cosechas de arroz, lo que a su vez impuso hambruna y muerte. ¡Cuánta gloria! No ha quedado en nuestra memoria, pero sí en su memoria.

Volvamos al presente. Hay una interesante historia reciente. En 1993, Israel y Corea del Norte se estaban acercando a un acuerdo por el cual Corea del Norte dejaría de enviar misiles o tecnología militar a Oriente Medio e Israel reconocería a aquel país. El Presidente Clinton intervino y lo bloqueó. Poco después, en represalia, Corea del Norte llevaba a cabo una prueba nuclear de importancia menor. EEUU y Corea del Norte llegaron entonces, en 1994, a un marco de acuerdo que detuvo sus desarrollos nucleares y que fue más o menos cumplido por ambas partes. Cuando George W. Bush llegó al poder, es posible que Corea del Norte tuviera un arma nuclear y se pudo comprobar que no estaba produciendo más.

Bush lanzó inmediatamente su militarismo agresivo, amenazando a Corea del Norte –"el eje del mal" y tal y tal-, por lo que este país se puso de nuevo a trabajar en su programa nuclear. Cuando Bush dejó el cargo, tenían de ocho a diez armas nucleares y un sistema de misiles, otro gran logro *neocon*. Entre medias, sucedieron otras cosas. En 2005, EEUU y Corea del Norte llegaron finalmente a un acuerdo por el cual este último país tenía que acabar con todas las armas nucleares y desarrollo de misiles. A cambio, Occidente, pero sobre todo EEUU, tenía que proporcionar un reactor de agua ligera para sus necesidades médicas y poner fin a las declaraciones agresivas. A continuación, firmarían un pacto de no agresión e intentarían llegar a un acuerdo razonable.

Todo era muy prometedor, pero Bush se puso a dinamitarlo casi de inmediato. Retiró la oferta del reactor de agua ligera e inició programas para obligar a los bancos a que dejaran de realizar transacciones norcoreanas, incluso las que eran totalmente legales. Los norcoreanos reaccionaron recuperando su programa de armas nucleares. Y todo esto es lo que viene sucediendo.

Es bien conocido. Pueden leerlo directamente en la principal corriente de la erudición estadounidense. Lo que dicen es lo siguiente: es un régimen muy loco, pero sucede que está siguiendo la política del talión. Vosotros hacéis un gesto hostil y nosotros respondemos con algún gesto loco de los nuestros. Vosotros hacéis un gesto de acercamiento y nosotros os respondemos de la misma manera.

Por ejemplo, se han llevado a cabo hace poco maniobras militares entre EEUU y Corea del Sur en la península de Corea que, desde el punto de vista de Corea del Norte, tenían una intención intimidatoria. Nosotros pensaríamos también que esas maniobras son amenazantes si se produjeran en Canadá y nos tuvieran en el punto de mira. En el curso de las mismas, los bombarderos más avanzados de la historia, los Stealth B-2 y los B-52, llevaron a cabo ataques simulados de bombardeo contra las fronteras de Corea del Norte.

Sin duda, esto activa las alarmas del pasado. Ellos recuerdan bien ese pasado, por eso están reaccionando de una forma muy agresiva y extrema. Y Occidente piensa que todo eso no es más que una demostración de lo locos y horribles que son los dirigentes norcoreanos. Lo son. Pero esa no es toda la historia, y así es cómo el mundo viene funcionando.

Y no es precisamente que no haya alternativas. Las hay, pero no se están teniendo en cuenta. Y eso es peligroso. Por tanto, si se preguntan qué aspecto tendrá el planeta, no van a contemplar un cuadro muy agradable. A menos que la gente haga algo. Siempre podemos hacer algo.

[**Nota**: *Este ensayo se ha adaptado (con la ayuda de Noam Chomsky) de una entrevista por video realizada en la página web WHAT, dedicada al integrar los conocimientos de diferentes campos con el objetivo de fomentar el equilibrio entre lo individual, la sociedad y el medio ambiente.*]

Noam Chomsky es profesor emérito en el Departamento de Lingüística y Filosofía del Instituto Tecnológico de Massachusetts (MIT, por sus siglas en inglés). Es colaborador habitual deTomDispatch y autor de numerosas obras de análisis político, entre ellas "Hopes and Prospects" y "Making the Future". El pasado enero publicó en Metropolitan Books, junto con David Barsamian: "Power Systems: Conversations on Global Democratic Uprisings and The New Challenges to U.E. Empire".

Fuente: http://www.tomdispatch.com/post/175707/tomgram%3 A_noam_chomsky%2C_the_eve_of_destruction/#more

Sharon: "pacifista, héroe..." y carnicero

ARGENPRESS-Robert Fisk (SINPERMISO)

Cualquier otro líder de Medio Oriente que sobreviviera ocho años en coma habría sido tema favorito de todos los cartonistas del mundo. Hafez Assad habría aparecido en su lecho de muerte, ordenando a su hijo cometer masacres; Jomeini habría sido dibujado exigiendo más ejecuciones mientras su vida se prolongaba hasta el infinito. Pero en torno a Ariel Sharon -el carnicero de Sabra y Chatila para casi todo palestino- se ha tendido un silencio casi sagrado.

Maldecido en vida como asesino por muchos soldados israelíes, así como por el mundo árabe - que ha sido bastante eficaz en masacrar a su propio pueblo en años recientes-, Sharon fue respetado en sus ocho años de muerte virtual: ningún cartón sacrílego dañó su reputación, y sin duda recibirá el funeral de héroe y pacifista. Así recomponemos la historia. Con qué rapidez los sicofantes periodistas de Washington retocaron la imagen de este hombre brutal. Luego de enviar a la milicia libanesa consentida de su ejército a los campos de refugiados de Sabra y Chatila, en 1982, donde fueron masacrados hasta mil 700 palestinos, una pesquisa realizada por el propio Israel anunció que Sharon tenía responsabilidad "personal" por ese baño de sangre.

Fue él quien condujo la catastrófica invasión israelí de Líbano tres meses antes, contando a su primer ministro la mentira de que sus fuerzas sólo avanzarían unos kilómetros más allá de la frontera, y luego puso sitio a Beirut, al costo de unas 17 mil vidas. Pero al reascender con lentitud en la peligrosa escalera política israelí, resurgió como primer ministro, retirando los asentamientos judíos de la franja de Gaza y por tanto, en palabras de su vocero, poniendo en "formaldehido" cualquier esperanza de un Estado palestino.

Para el tiempo de su muerte política y mental, en 2006, Sharon -con ayuda de los crímenes de lesa humanidad de 2001 en Estados Unidos y su exitosa pero mendaz afirmación de que Arafat había respaldado a Bin Laden- se había convertido nada menos que en pacifista, mientras Arafat, quien hizo más concesiones a las demandas israelíes que cualquier otro dirigente palestino, era retratado como superterrorista.

El mundo olvidó que Sharon se opuso al tratado de paz de 1979 con Egipto, votó contra una retirada del sur de Líbano en 1985, se opuso a la participación israelí en la conferencia de paz de 1991 en Madrid y al voto del pleno de la Knesset a favor de los acuerdos de Oslo de 1993, se abstuvo en una votación por la paz con Jordania en año siguiente y votó contra el acuerdo de Hebrón en 1997. También condenó el método de retiro de Israel de Líbano en 2000 y para 2002 había construido 34 nuevas colonias judías ilegales en tierra árabe.

¡Vaya un pacifista! Cuando un piloto israelí bombardeó un conjunto de departamentos en Gaza, matando a ocho niños junto con el mando de Hamas que era su objetivo, Sharon describió la operación como un "gran éxito", y los estadounidenses callaron, porque él se las ingenió para imbuir en sus aliados occidentales la extraña noción de que el conflicto palestino-israelí era parte de la monstruosa batalla de George W. Bush contra el "terror mundial", de que Arafat era un Bin Laden y que la última guerra colonial del planeta era parte del enfrentamiento cósmico del extremismo religioso.

La pasmosa -en otras circunstancias, hilarante- respuesta política a la conducta de Sharon fue la afirmación de Bush de que el israelí era un "hombre de paz". Cuando llegó a primer ministro, los perfiles en los medios no destacaban la crueldad de Sharon, sino su "pragmatismo", evocando una y otra vez que era conocido como El Buldózer.

Y, desde luego, años después de la muerte de Sharon entrarán buldózeres de verdad a limpiar terreno árabe para más colonias judías, y así asegurarán que nunca de los nuncas habrá un Estado palestino.

NOTA: Robert Fisk es el corresponsal del diario británico The Independent en Oriente Medio.

Chomsky: La política de EEUU se ha convertido en "salvajismo puro"

11-01-14 fuente aporrea.org

Chomsky afirma que la polémica del Congreso sobre la ampliación de las prestaciones por desempleo es evidencia de que la política de EE.UU. "ha caído en la locura". Estos problemas están vinculados con el "asalto neoliberal a la población mundial".

"La negativa a proporcionar el nivel de vida más básico a las personas que se encuentran atrapadas en esta monstruosidad es simplemente puro salvajismo", declaró Chomsky en una entrevista concedida a 'The Huffington Post'. "No hay otra palabra para describirlo", añadió el pensador político progresista.

Chomsky dijo que los problemas económicos recientes, sin embargo, no son fenómenos aislados, sino, más bien, el producto de décadas de políticas económicas aplicadas por las élites estadounidenses. Algunos de los principales cambios incluyen la firma de tratados de la Organización Mundial del Comercio, el Tratado de Libre Comercio de América del Norte y la desregulación de las industrias más importantes, dijo el intelectual.

"El problema general y muy grave de la economía que nos está mirando a la cara no tiene nada que ver con las manzanas podridas en el Congreso", afirmó Chomsky. "Estos son problemas estructurales profundos tienen que ver, en efecto, con el asalto neoliberal a la población, no sólo de EE.UU., sino del mundo, que ha llevado a cabo la última generación. Hay zonas que se han escapado, pero es bastante amplio", señaló el activista.

Además, Chomsky dijo al diario que los intereses corporativos dominan la agenda política del Partido Demócrata y citó la observación del erudito conservador Norma Ornstein de que el Partido Republicano se ha "desplazado fuera del espectro" y ya no funciona como una entidad parlamentaria seria.

"Hace años se decía que EE.UU. es la nación del partido único —el partido económico— con dos facciones: demócratas y republicanos", señaló Chomsky. "Eso ya no es cierto. Sigue siendo la nación de partido único –el partido económico–, pero ahora tiene solo una facción. Y no es la demócrata, es de los republicanos moderados. Los llamados nuevos demócratas, que son la fuerza dominante en el Partido Demócrata, son más o menos lo que solían ser los republicanos moderados hace un par de décadas. Y el resto del Partido Republicano solo se ha desviado fuera del espectro", concluyó el analista.

El Partido Republicano de EE.UU. bloqueó un acuerdo para extender los beneficios de desempleo durante las negociaciones presupuestarias en diciembre. Este martes, algunos republicanos se unieron a los demócratas del Senado para avanzar en un proyecto de ley de los beneficios, pero el acuerdo se enfrenta a una dura batalla en la Cámara de Representantes, controlada por los republicanos.

Actualmente en EE.UU. hay alrededor de tres personas que buscan un empleo por cada oferta de trabajo.

¿Quién es dueño del mundo?

Noam Chomsky
FuturoMX

David Barsamian: El nuevo imperialismo estadounidense parece ser sustancialmente diferente a la variedad más antigua en que Estados Unidos es una potencia economía en declive y por lo tanto está viendo menguar su poder e influencia políticos.

Noam Chomsky: Yo pienso que hablar sobre la declinación estadounidense debería tomarse con reservas.

Es en la Segunda Guerra Mundial cuando Estados Unidos realmente se convirtió en una potencia mundial. Había sido la economía más grande del mundo por mucho desde antes de la guerra, pero era una potencia regional en cierta forma. Controlaba al Hemisferio Occidental y había hecho algunas incursiones en el Pacífico. Pero los británicos eran la potencia mundial.

La Segunda Guerra Mundial cambió eso. Estados Unidos se convirtió en la potencial mundial dominante. Estados Unidos tenía la mitad de la riqueza del mundo. Las otras sociedades industriales estaban debilitadas o destruidas. Estados Unidos estaba en una posición de seguridad increíble. Controlaba el hemisferio, y tanto el Atlántico como el Pacífico, con una enorme fuerza militar.

Por supuesto, eso declinó. Europa y Japón se recuperaron, y tuvo lugar la descolonización. Para 1970, Estados Unidos había descendido, si se le quiere llamar así, a alrededor del 25 por ciento de la riqueza del mundo; aproximadamente como había sido, digamos, en los años 20. Seguía siendo la potencia mundial abrumadora, pero no como había sido en 1950. Desde 1970, está bastante estable, aunque por supuesto hubo cambios.

En la última década, por primera vez en 500 años, desde la conquista española y portuguesa, Latinoamérica ha empezado a hacer frente a algunos de sus problemas. Empezó a integrarse. Los países estaban muy separados unos de otros. Cada uno estaba orientado por separado hacia el Oeste, primero Europa y luego Estados Unidos.

Esa integración es importante. Significa que no es tan fácil tomar a los países uno por uno. Las naciones latinoamericanas pueden unificarse en defensa contra una fuerza exterior.

El otro acontecimiento, que es más importante y mucho más difícil, es que los países de Latinoamérica están empezando individualmente a enfrentar sus enormes problemas internos. Con sus recursos, Latinoamérica debe ser un continente rico, particularmente Sudamérica.

Latinoamérica tiene una enorme cantidad de riqueza, pero está muy altamente concentrada en una élite pequeña, regularmente europeizada y a menudo blanca, y existe al lado de una enorme pobreza y miseria. Hay algunos intentos de empezar a hacer frente a eso, lo cual es importante – otra forma de integración – y Latinoamérica de alguna manera se está apartando del control estadounidense.

Se habla mucho sobre el cambio del poder mundial: India y China van a convertirse en las nuevas grandes potencias, las potencias más ricas.

De nuevo, uno debería ser bastante reservado al respecto.

Por ejemplo, muchos observadores comentan sobre la deuda estadounidense y el hecho de que gran parte de ella está en manos de China. Hace unos años, en realidad, Japón tenía la mayor parte de la deuda estadounidense, ahora superada por China.

Además, todo el marco para la discusión de la declinación de Estados Unidos es engañoso. Se nos enseña a hablar sobre un mundo de estados concebidos como entidades unificadas y coherentes.

Si uno estudia la teoría de las relaciones internacionales, hay lo que se llama la escuela "realista", que dice que hay un mundo de estados anárquico, y que los estados buscan su "interés nacional". Eso es en gran parte mitología. Hay algunos intereses comunes, como la supervivencia. Pero, en su mayor parte, la gente dentro de una nación tiene intereses muy diferentes. Los intereses del director ejecutivo de General Electric y del conserje que limpia sus pisos no son los mismos.

Parte del sistema doctrinal en Estados Unidos es la pretensión de que todos somos una familia feliz, que no hay divisiones de clases, y que todos estamos trabajando juntos en armonía. Pero eso es radicalmente falso.

En el siglo XVIII, Adam Smith dijo que la gente que posee la sociedad hace las políticas: los "mercaderes y manufactureros". El poder de hoy está en las manos de las instituciones financieras y las multinacionales.

Estas instituciones tienen un interés en el desarrollo chino. Así que si usted es, digamos, el director ejecutivo de Walmart o Dell o Hewlett-Packard, se siente perfectamente contento de tener una mano de obra muy barata en China trabajando bajo condiciones horribles y con pocas restricciones ambientales. En tanto China tenga lo que se llama crecimiento económico, está bien.

En realidad, el crecimiento económico de China es un poco un mito. China es en gran medida una planta de ensamblaje. China es un exportador importante, pero aun cuando el déficit comercial estadounidense con China ha aumentado, el déficit comercial con Japón, Taiwán y Corea ha descendido. La razón es que se está desarrollando un sistema de producción regional.

Los países más avanzados de la región –Japón, Singapur, Corea del Sur y Taiwán– envían tecnología avanzada, partes y componentes a China, la cual usa su fuerza laboral barata para ensamblar productos y enviarlos fuera del país.

Y las corporaciones estadounidenses hacen lo mismo: Envían partes y componentes a China, donde la gente los ensambla y exporta los productos finales. A esto se le llama exportaciones chinas, pero son exportaciones regionales en muchos casos y, en otros, es realmente un caso en que Estados Unidos se está exportando a sí mismo.

Una vez que rompemos el marco de los estados nacionales como entidades unificadas sin divisiones internas dentro de las mismas, podemos ver que hay un cambio del poder mundial, pero es de la fuerza laboral mundial a los dueños del mundo: el capital transnacional, las instituciones financieras mundiales.

Noam Chomsky es profesor emérito de lingüística y filosofía en el Instituto Tecnológico de Massachusetts en Cambridge (EEUU). Su último libro es "*Power Systems: Conversations on Global Democratic Uprisings and the New Challenges to U.S. Empire. Conversations with David Barsamian*".

Fuente: http://www.futuromx.com/home/secciones/de-nuestra-mesa-de-redaccion/item/348-noam-chomsky-%C2%BFqui%C3%A9n-es-due%C3%B1o-del-mundo?.html

JUEVES, 16 DE ENERO DE 2014

Castigos inhumanos en las cárceles estadounidenses

Luis Beatón (PL)- ARGENPRESS –info

Un preso estadounidense, al ver su propia

fotografía por primera vez en más de 20 años de permanecer en confinamiento solitario en una celda de una prisión, dijo que fue "como volver de entre los muertos".

Estas palabras reflejan el sufrimiento de millares de reclusos que enfrentan lo que para muchos es un "castigo cruel e inhumano" y que funcionarios de Naciones Unidas calificaron como una violación de los derechos humanos, tras denunciar esas prácticas en instalaciones como Pelican Bay, en California.

El relator especial sobre la Tortura de Naciones Unidas, Juan E. Méndez, estima que el Gobierno estadounidense debería abolir el uso del régimen de aislamiento en largos periodos de tiempo bajo todas las circunstancias.

En la mayoría de estos casos, los reclusos pasan unas 22 o 23 horas al día en celdas de 2,5 por 3,5 metros, con poca ventilación y sin luz natural.

"Incluso, denunció, si el aislamiento se aplica en cortos periodos de tiempo, a menudo causa sufrimiento mental y físico además de una humillación que asciende a trato y castigo cruel, inhumano o degradante y si el dolor o los sufrimientos son graves, el aislamiento constituiría tortura".

Testimonios recogidos en una investigación del periodista Michael Montgomery, quien cubrió el sistema penitenciario de California durante 10 años, el Center for Investigative Reporting y la Radio Pública KQED, evidencian las violaciones cometidas por autoridades penales de Estados Unidos.

Un último reporte sobre la práctica del aislamiento en solitario estimó que había al menos 80 mil presos en esa situación en todo el país. Aunque originalmente fue concebido como una forma "poco frecuente y de corta duración de la pena", este tipo de maltrato se ha convertido en un hecho generalizado y prolongado. Decenas de miles de presos se sientan solos en sus celdas hasta 23 horas al día durante meses, incluso años enteros, señala la investigación hecha pública por el diario digital Politico.

En la cárcel californiana a más de mil presos sometidos a esta forma de tortura se les privó, incluso, de ver su propia foto, hasta que después de 25 años; luego de una huelga de hambre iniciada en 2011, el Departamento de Correccional cambió esa política.

Hoy en día, señala el estudio, a los prisioneros se les permite ver su foto una vez al año. Montgomery pasó 11 meses reuniendo datos de presos que se mantuvieron aislados de otros reos, de amigos y familiares, quienes al ver sus imágenes fotográficas dijeron que veían a un anciano, palabras ilustrativas de la crudeza del sistema de un país que se vanagloria de sus libertades.

Según Randall Ellis, uno de los detenidos, casi todos los presos de Pelican Bay, que padecieron esta pena, eran acusados de tener vínculos con pandillas en las prisiones, por el solo hecho de conocer a un miembro de éstas.

Es muy difícil para los prisioneros poder probar que no están involucrados en las acciones de las bandas, dijo Ellis, quien ha estado aislado durante 30 años.

Lorenzo Benton, preso por asesinato desde 1977, quien estuvo aislado en una celda de castigo durante 27 años, manifestó a los que realizaron el estudio que no solo es la prisión de Pelican Bay donde ocurren estos hechos, pues en otros tres centros del estado es común el castigo.

Datos de 2011 del estado de California plantean que al menos 500 presos estuvieron en ese tipo de celdas durante más de una década y de ellos 70 permanecieron en esos recintos durante 20 años.

La investigación de Montgomery aborda, entre otros asuntos, una demanda contra el gobierno por las condiciones en el recinto carcelario de Pelican Bay, donde según los querellantes los reos sufren "daños físicos y psicológicos".

Por sus condiciones de aislamiento, "muchos presos han estado sin contacto cara a cara con personas que no sean funcionarios de prisiones durante décadas", señala la demanda.

Al valorar estos abusos, el doctor Terry Kupers, psiquiatra clínico, aseguró que la falta de las últimas fotografías y años de poco o ningún contacto con amigos y familiares significa que el reo "básicamente no existe en la comunidad".

Estas prácticas abusivas contra presos en Estados Unidos son solo la punta del iceberg en un país cuya tasa de encarcelamiento es la más alta del mundo y que, según datos de 2009, es de 743 arrestados por cada 100 mil habitantes.

Cifras oficiales indican que Estados Unidos tiene aproximadamente el cinco por ciento de la población mundial, sin embargo alberga alrededor

del 25 por ciento de los prisioneros del mundo, muchos en condiciones de hacinamiento.
Esa situación tiene también repercusiones económicas, pues el encarcelamiento de 2,3 millones de personas en el país, donde un preso cuesta 24 mil dólares al año, conlleva construir nuevas prisiones a un costo de 5,1 mil millones y un gasto general al presupuesto del país de 60.3 mil millones.

Un informe publicado el 28 de febrero 2008 plantea que más de uno de cada 100 adultos en los Estados Unidos están en prisión.
Por segmento poblacional también se destaca que en 1977 había sólo un poco más de once mil mujeres encarceladas y ya en 2004 el número de féminas se incrementó en 757 por ciento, a más de 111 mil, tasa que representa el doble de las de los hombres desde el año 2000.
Asimismo los estadounidenses tienen un porcentaje más alto de las minorías en prisión que cualquier otro país.
En Washington DC, por ejemplo, se espera que tres de cada cuatro jóvenes negros cumplan un tiempo en la cárcel.
En las principales ciudades de todo el país, el 80 por ciento de los jóvenes afro-americanos ahora tienen antecedentes penales, plantean investigaciones de organizaciones defensoras de los derechos humanos. Datos del Departamento de Justicia abordan otro fenómeno dentro del sistema y aseguran que Washington encarcela a un porcentaje de su población negra mayor que

cuando lo hacia Sudáfrica mientras imperaba allí el sistema racista del apartheid.

Los hispanos también son víctimas del problema y pese a ser apenas el 16,3 por ciento de la población del país, representan el 20,6 por ciento de quienes ocupan un sitio tras las rejas.

No por gusto una persona que estuvo confinada en solitario durante años plantea que el término de su encierro es como "volver de entre los muertos".

INDICE